AF319063

VIE

DE

LUCIEN JOUANS

PARIS

PROCURE GÉNÉRALE ⁆ POUSSIELGUE FRÈRES
27, rue Oudinot, 27.   15, rue Cassette, 15.

1885

LUCIEN JOUANS

Paris. — Imprimerie G. TÉQUI, 92, rue de Vaugirard.

VIE

DE

LUCIEN JOUANS

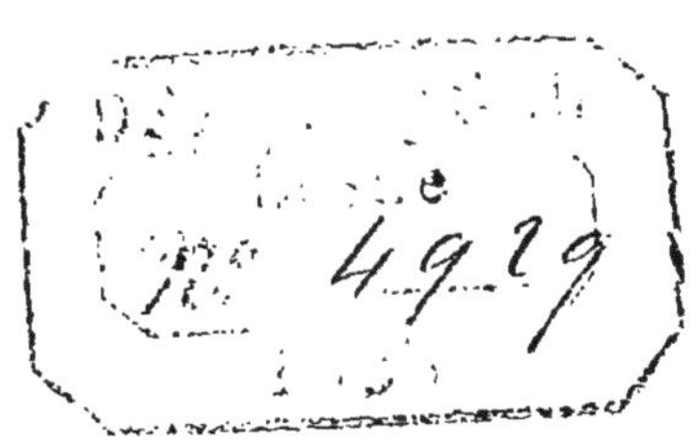

PARIS

PROCURE GÉNÉRALE | POUSSIELGUE FRÈRES

27, rue Oudinot, 27. | 15, rue Cassette, 15,

1885

PRÉFACE

Ces quelques pages, où se trouve retracée la
vie d'un jeune enfant, devront présenter de l'intérêt à plus d'un titre.

En les parcourant, tout esprit réfléchi remarquera certainement la netteté et la fermeté avec
lesquelles s'accusent, en Lucien Jouans, les
différents éléments qui concourent à former un
caractère : bon sens précoce, cordialité, oubli de
soi, piété filiale, esprit de sacrifice, foi ardente ;
le tout imprégné d'une amabilité naïve, d'une
simplicité exquise, ce double charme auquel on
essayerait vainement de se soustraire.

Mais ce qui est de nature à appeler davantage
encore l'attention du lecteur sérieux, c'est l'influence de la religion sur cet enfant. Lucien
Jouans n'est ce qu'il est, que par la religion qui
lui parle constamment par l'organe de son père,
de sa mère, de son pasteur, de ses maîtres. A ce

point de vue, sa vie a une portée qui ne peut échapper à personne. Elle démontre en effet comment notre sainte religion fait éclore, développe, les sentiments élevés, et les nobles pensées, jusque dans les âmes appartenant aux conditions les plus humbles ; et comment, divine inspiratrice du courage, du sacrifice et de toutes les mâles vertus, elle sait se faire comprendre même de l'âge le plus tendre.

Quant aux enfants que ce livre concerne spécialement, pour peu qu'ils prêtent d'attention, ils demeureront frappés par cette admirable innocence de vie, cette parfaite pureté du cœur et des sens, source d'un indicible bonheur à leur âge, comme à tous les âges ; et ils devineront facilement que là est le secret des dispositions aimables, généreuses, et au besoin héroïques, à l'aide desquelles, à force d'intelligence, de sage prévoyance et de luttes sans trève, on traverse heureusement l'adolescence en se tenant constamment éloigné du mal, et en étant la consolation de ceux au milieu desquels on vit.

Et ici, les enfants feront plus qu'admirer. Cette vie leur paraîtra souverainement enviable ; et voyant que Lucien, dans une condition si modeste a su ne pas s'écarter du sentier de la vertu, et garder le trésor de l'innocence, ils se diront : Ce qu'il a fait, est-ce que je ne puis le faire moi-même ? Est-ce que, comme lui, si je le veux, je ne puis être bon, laborieux, patient, plein de courage ? Chacun ravi d'un modèle si facile mettra son bonheur à le reproduire.

Enfin, ce livre sera particulièrement utile à une autre classe de lecteurs. Lucien Jouans employa les deux dernières années qu'il passa sur la terre à s'exercer à la vie parfaite. Parmi les exemples de vertu qu'il a laissés aux jeunes gens qui se préparent à devenir les disciples du Vénérable de la Salle, on remarquera un zèle ardent pour l'accomplissement de la règle, et un amour profond pour l'Institut. Ce double caractère qui suppose, à notre sens, dans le religieux qui le porte, toutes les vertus, sera un vif attrait pour les petits novices. Eux aussi aimeront à s'instruire, à se réconforter par la lecture de cette courte biographie.

LUCIEN JOUANS

CHAPITRE PREMIER

Naissance et baptême de Lucien Jouans. — Soins pieux
dont ses parents l'entourent. — Ses premières années
d'école. — Lucien, petit berger, commet quelques
fautes. — Arrivé à l'âge de sept ans, il se corrige. —
Tendre amour qu'il porte à sa mère.

Le pieux enfant dont nous allons raconter la
vie naquit à Ruffey-sur-Seille. Distant de Lons-
le-Saunier de douze kilomètres, et assis sur les
bords de la petite rivière de la Seille, ce village
ne compte que 1300 âmes ; mais il est charmant ;
et, à ses rues parfaitement tenues, à ses jolis
quais, à l'air presque élégant de ses maisons, on le
prendrait pour une petite ville. Sa situation aux
confins des monts Jura et de la Bresse lui vaut
d'excellents coteaux vignobles et des champs
d'une rare fertilité. Les vins de l'Étoile, si connus
en Franche-Comté et ailleurs, ont leur meilleur

crû sur la paroisse de Ruffey, et les blés de qualité supérieure que produit ce pays, l'ont fait nommer quelquefois le Rognon du Jura.

Dans le quartier du Pontot, un des plus isolés de Ruffey, on voit encore quelques rares chaumières ; et c'est en l'une d'elles que vint au monde l'enfant de prédilection dont nous nous occupons ici.

Son père, Agnan Jouans, un honnête fermier, avait épousé en 1844 Jeanne Françoise Mathieu, de même âge et de même condition que lui. A défaut d'autres biens, les deux jeunes mariés mirent en commun un riche fonds de piété, un grand amour du travail, et un rare esprit d'ordre et d'économie.

Quatre enfants furent le fruit de leur union bénie de Dieu : deux filles, Marie et Mélanie, dont l'aînée mourut à quatorze ans ; un petit garçon, moissonné pour le ciel, huit jours après sa naissance ; enfin l'enfant prédestiné à édifier le Petit Noviciat de Saint-Claude.

Cet enfant, leur dernier, naquit le 9 août, 1865, deux ans après la mort de son frère, et quatre ans après celle de sa sœur Marie. A son baptême, qui se fit le même jour, il eut pour parrain un de ses cousins, Henri Guillemin, pour marraine, sa sœur Mélanie, et il reçut les noms de Henri-Lucien.

Son père et sa mère l'élevèrent soigneusement dans la foi et la piété, comme ils l'avaient fait pour leurs autres enfants. Dès que Lucien put balbutier quelques syllabes, ce furent les doux noms de Jésus, de Marie et de Joseph qu'on lui apprit à répéter ; comme ce fut à tracer le signe sacré de la rédemption et à prendre l'attitude de la prière qu'on exerça tout d'abord ses petites mains. La grâce du baptême, ainsi cultivée dans cette jeune âme, put s'épanouir sans peine dès que la raison de l'enfant commença à poindre.

A force de travail et d'économie, monsieur et madame Jouans s'étaient procuré une certaine aisance ; et ils envoyèrent leur petit Lucien à l'école dès l'âge de trois ans.

M. Hippolyte Guichard, alors instituteur, seconda dignement les efforts de ces dignes parents. Comme eux, il cultiva dans cet enfant la crainte de Dieu, et éloigna de lui toute influence malsaine. Avec une piété pleine de candeur, Lucien montra de très bonne heure je ne sais quoi de réfléchi dont le monde fut frappé. L'instituteur pour ce motif s'attacha à lui, et développa de si précieuses dispositions.

Dans les travaux des champs, l'enfant peut être utilisé à un âge encore tendre. Lucien n'avait que six ans quand son père lui donna les troupeaux à garder. Il allait malheureusement se trouver en contact avec des enfants moins bien doués que lui, ou dont l'éducation avait été moins suivie. De là, pour lui, plus d'un danger. Sans doute, les tendres recommandations d'une mère, plus soucieuse de la pureté de son enfant que de sa vie, la vigilance, la douce fermeté d'un père fortement chrétien ne lui firent pas défaut. Mais ces puissants moyens de préservation ne suffisent pas toujours pour prémunir complètement un enfant de six ans contre sa faiblesse et son inexpérience, et contre l'entraînement des camarades. Lucien racontait plus tard au Petit Noviciat comment il allait quelquefois jouer avec des petits garçons que son père aurait voulu lui voir fuir, et quelles remontrances lui étaient faites au retour. Sa peine était extrême à ce souvenir, et il disait avec un profond accent de regret : « Pauvre père, combien de fois je lui ai désobéi. » N'omettons pas de faire une large part dans cette parole, à la grande délicatesse de conscience du fervent Petit Novice ; car personne dans sa famille ne se rappelle l'avoir vu commettre de nouveau une faute pour laquelle on l'avait repris.

Notre jeune pâtre montra, dans une circonstance, qu'il eût eu volontiers du goût pour l'indépendance. Afin de s'acquitter de son devoir sans blesser personne, le garde champêtre avait coutume d'exiger des petits bergers dont le bétail était trouvé en défaut, qu'ils allassent eux-mêmes solliciter de la personne lésée une décharge du dommage causé. Lucien n'aimait pas cette sujétion ; aussi ses petits camarades n'eurent-ils pas de peine à le persuader de s'en affranchir.

Un jour donc qu'il avait laissé faire des dégâts, il fut surpris par le garde et soumis à la peine habituelle. Le garde champêtre ayant cru devoir s'informer si la remise avait été accordée, apprit que Lucien ne l'avait pas demandée. M. Jouans fut prévenu, et la correction ne se fit pas attendre. Elle ne manqua pas non plus son effet.

Assurément, ce fut encore à l'influence de quelques enfants mal élevés qu'il dut l'habitude d'une expression grossière dont le souvenir ne se présentait jamais à son esprit, au Petit Noviciat, sans l'attrister. « Quand je pense, disait-il, combien j'étais mauvais dans le monde, je n'en puis revenir. Si, par malheur, une des vaches, que je gardais, venait à s'écarter des autres, je ne jurais pas, grâce à Dieu, je ne l'ai jamais fait ; mais je lui lâchais un mot dans lequel il y avait au moins dix r... de suite. »

L'effet le plus marqué peut-être des rapports obligés de Lucien avec ses jeunes camarades fut une vive répugnance pour la charge d'enfant de chœur. Il alla jusqu'à se moquer ouvertement de ceux qu'il voyait admis à remplir cette fonction angélique. La suite de notre récit montrera combien était peu réfléchie l'impression sous laquelle il agit alors, comme au reste dans toutes les autres circonstances où il s'oublia pour un moment.

Quels dangers, néanmoins, courent les enfants bien élevés au contact de ceux dont l'éducation chrétienne a été négligée, et, à plus forte raison, de ceux qui sont méchants et corrompus !

Lucien atteignait sa septième année. C'est vers ce temps que Mélanie Jouans quitta la maison paternelle, ayant épousé le jeune Nagnenoz. L'enfant sentit qu'il devait combler ce vide en s'efforçant d'apporter à ses parents, par sa conduite exemplaire, toutes sortes de consolations. Aussi, un changement complet s'opéra en lui. Il demanda d'abord et obtint la faveur de réciter au nom de tous la prière du soir. Comprenant mieux le prix des conseils de ses parents, il s'attacha à les suivre avec une touchante ponctualité.

Son premier soin fut de faire un meilleur choix de ses camarades, et bientôt il ne fréquenta que ceux dont la compagnie lui était expressément permise. Grâce à cette détermination, il ne tarda pas à sentir s'évanouir dans son esprit le sot préjugé qui l'éloignait du service des autels. Un an à peine s'était écoulé qu'il se laissait gagner par un de ses nouveaux amis pour servir en second un salut du T. S.-Sacrement; c'en fut assez pour dissiper toutes ses illusions, et les saintes fonctions qui lui avaient d'abord tant déplu, devinrent l'objet de ses plus ardents désirs.

Comme il arrive aux enfants dont la piété garde le cœur, Lucien aimait tendrement sa mère. C'était sous ses yeux qu'il préférait s'amuser, et la quitter était toujours pour lui une vraie peine. C'est dire qu'aussitôt qu'il le pouvait, l'enfant revenait avec grand bonheur se réfugier sous sa tutelle. Mme Jouans, en mère vraiment sage et chrétienne, s'appliquait à cultiver dans le cœur de Lucien, toutes les vertus : l'amour de Dieu, Père tendre et bienfaisant ; la confiance en Marie, notre tout aimable mère ; le goût de la prière. En même temps elle lui inspirait la haine du péché, l'horreur des mauvaises compagnies. Lucien, l'objet de tous ces soins délicats, en conserva toute sa vie une impression profonde, et leur attribua toujours, avec une gratitude inexprimable, tout ce qu'il fit pour le service de Dieu.

CHAPITRE II.

Lucien continue de fréquenter l'école. — Son application. — M. le curé le choisit pour lui servir la messe. — Ses succès au catéchisme. — Le cercle du presbytère. — La journée de Lucien. — Une des joies de l'enfant.

Voici quelle fut la vie de Lucien de huit à dix ans, c'est-à-dire depuis 1873 jusqu'à 1875.

Il continua de fréquenter l'école assidûment.

M. Goujet, qui avait succédé à M. Guichard, n'eut jamais à manifester le moindre mécontentement à son sujet, comme on ne l'a jamais entendu lui-même parler mal de ses maîtres. L'enfant attachait une importance véritable à son instruction, et il racontait volontiers le résultat de ses efforts. « Pour l'orthographe, disait-il quelquefois à son beau-frère, je me charge d'être le premier ; mais, — en se grattant l'oreille — pour le calcul !... Oh ! il faudra bien que j'y arrive. » Il avait, en effet, moins de facilité pour les mathématiques que pour le français ; sa mémoire n'était pas non plus très heureuse, ce qui prouve que les résultats satisfaisants qu'il obtenait étaient dus à un travail opiniâtre. L'enfant, en classe, était véritablement sérieux et appliqué.

Lucien suivit avec zèle le catéchisme du vicaire de la paroisse jusqu'à l'âge de neuf ans, puis il reçut les instructions de M. le curé pour la préparation à la première communion. Ces catéchismes complétèrent avantageusement l'éducation de la famille ; on assure que l'enfant, durant les instructions religieuses, montrait une attention que rien ne pouvait distraire ; et, une fois rendu à la maison, il se livrait à une étude longue et réfléchie de la leçon qu'il fallait apprendre. Grâce à cette application soutenue, il savait mieux que les autres, et les réponses qu'il faisait étaient toujours sensées et justes.

M. Mallet, le curé de la paroisse, en fut tout particulièrement frappé. Ce prêtre intelligent et zélé n'avait pas eu besoin que le catéchisme de première communion le mît en rapport direct avec Lucien, pour le distinguer parmi les autres enfants. La tenue du jeune Jouans à l'église l'avait frappé ; et, pour ce motif, il lui avait accordé sur ses instantes prières, la faveur d'être enfant de chœur. Mais quand il le vit de plus près à son catéchisme, qu'il put constater son application, et admirer avec quel sérieux l'enfant écoutait ses leçons, il conçut pour son jeune paroissien une affection paternelle, qui le détermina à faire de lui son servant de messe attitré. Jamais peut-être charge ne fut acceptée avec plus de satisfaction, ni remplie avec plus de fidélité. Durant les deux années qui précédèrent sa première communion, l'enfant fut parfaitement exact à se lever tous les jours à cinq heures et demie, hiver comme été, afin de se trouver à l'église à six heures, prêt à remplir son office. A le voir répondre posément aux prières du prêtre, et le servir avec gravité, on devinait qu'il entendait très sérieusement la messe. S'il le pouvait, il lisait dans son livre ; sinon, il s'appliquait aux cérémonies avec une attention qui étonnait les assistants. On eût dit qu'il pénétrait, dans une mesure bien au-dessus de son âge, la grandeur des rites augustes qui accompagnent le saint Sacrifice.

1.

Ce service assidu fournissait à M. le curé l'occasion d'entretiens intimes où, sans y prendre garde, l'enfant manifestait avec une charmante franchise ses dispositions généreuses, et l'attrait singulier de son âme pour la piété. Aussi le cœur du digne prêtre ne put-il se refuser à l'espérance de voir cette tendre fleur s'épanouir un jour sur les degrés de l'autel, et remplir le sanctuaire du parfum de ses vertus.

Lucien, nous l'avons dit, prenait ses récréations auprès de sa mère, et cette compagnie, jointe à celle de Notre-Seigneur qu'il allait assidûment visiter à l'église, lui suffisait : « D'où viens-tu, lui disait quelquefois son beau-frère ? — Je viens de faire ma visite. — Tu ne vas donc pas t'amuser avec les autres ? — Oh ! je n'y tiens pas. » Cependant, un petit cercle ayant été fondé par M. l'abbé X***, Lucien modifia un peu ses habitudes retirées, et entra davantage en rapport avec les petits garçons de son âge. Les enfants réunis à la cure étaient naturellement les plus sages ; il trouva parmi eux toutes les garanties désirables pour se livrer sans inquiétude, aux joyeux ébats que réclamait sa nature vive et pétulante. Nul ne fut plus ardent que lui au jeu et à la course, nul ne sut mettre plus de sel et de gaieté dans les conversations. Mais, jeux et entretiens étaient toujours marqués d'un cachet de réserve, d'innocence et de piété qui charmait la jeune compagnie.

Sans doute, il ne lui fut pas toujours possible de faire adopter à tous son genre d'amusement ; plusieurs fois même, on voulut se répandre à travers le jardin de M. le curé, au risque et peut-être à la joie de le ravager complètement. Lucien alors se tenait à l'écart avec deux ou trois camarades qui, comme lui, sentaient toute l'inconvenance de pareils procédés. Mais l'effervescence passée, il se retrouvait avec tous, sans que personne eût à redouter une censure importune. Cet isolement d'ailleurs, était sa ressource ordinaire contre le mal. Jamais on ne l'a vu mêlé aux scènes de désordre en classe, ou de tapage dans les rues ; encore moins prenait-il part aux exploits de maraudes dont une certaine jeunesse se montre si friande. Sa conscience délicate et son grand bon sens s'offensaient de ces espiègleries, et les lui faisaient fuir, sans que la fierté y entrât jamais pour rien. « Tu es des sages, toi ! » tel est le seul reproche que lui aient adressé les plus réglés.

Modèle à l'école, au catéchisme, à l'église, Lucien, à la maison, montrait les plus aimables vertus. On n'a pas souvenir qu'il se soit fait presser, ni même appeler deux fois, le matin, pour quitter son repos. Aussitôt éveillé, il faisait le signe de la croix, offrait à Dieu son cœur et sa journée, puis s'habillait promptement. Tous les vêtements étaient de son goût ; vieux ou neufs, élégants ou grossiers, peu lui importait ; il prenait ce qu'on lui donnait, s'en couvrait modestement, et ne s'inquiétait plus que d'une chose, les conserver intacts, sans les déchirer ni les salir.

Il faisait seul sa prière du matin, agenouillé sur une chaise devant l'image de la sainte Vierge ; joignant les mains ou croisant les bras sur la poitrine, il récitait posément et avec un grand respect la formule proposée dans le catéchisme de Saint-Claude. Sa tendre affection pour ses parents et sa vive reconnaissance pour les soins qu'il recevait d'eux lui faisaient une obligation à la fois douce et pressante d'ajouter chaque fois quelque prière à leur intention.

C'est lui qui demandait à haute voix, au nom de tous, la bénédiction de la table. Sa conduite pendant le repas était édifiante. On ne se rappelle pas l'avoir vu refuser de manger parce qu'un mets ne lui plaisait pas, ni demander avec empressement ce qu'il préférait ; il se montrait satisfait, quelle que fût la frugalité des aliments ; et, suivant le sage conseil de ses parents, il ne buvait du vin qu'après y avoir mêlé beaucoup d'eau.

Le soir, Lucien étudiait ses leçons de classe, surtout le catéchisme, ou bien il lisait quelque ivre édifiant. D'autres fois il se mêlait à la conversation, sa grande facilité de parole lui faisant dire volontiers, quoique avec réserve, sa manière de penser. Enfin, l'heure du coucher venue, après la prière du soir faite en commun et récitée par lui à haute voix, il prenait respectueusement de l'eau bénite, faisait le signe de la croix ; et, une fois au lit, ne tardait pas à dormir du sommeil paisible que l'on goûte à cet âge.

Il est un incident qui donnait à la journée de Lucien un grand charme, quand il se produisait. L'enfant ayant pour les pauvres une compassion touchante, considérait comme une bonne fortune toute occasion qui se présentait de les secourir. Jamais, il est vrai, aucun des membres souffrants de Jésus-Christ n'était rebuté par la famille Jouans ; mais, comme si le petit garçon eût craint, à chaque nouvelle sollicitation, de voir surgir une exception, il s'interposait tout de suite. « On peut bien lui donner, disait-il: ce n'est pas un morceau de pain ou un sou qui nous appauvrira beaucoup. » Et, sans même attendre la réponse, il portait aussitôt le secours demandé.

Depuis qu'il eut commencé à servir la grand' messe du dimanche jusqu'à son départ de Ruffey, il fut heureux de seconder son charitable pasteur, en apportant chaque fois, par son ordre, à une pauvre femme, la portion de pain bénit offerte à M. le curé.

CHAPITRE III.

Lucien aux approches de la première communion. — L'examen. — Lucien prend la résolution de se préparer le plus parfaitement possible. — La retraite. — La messe de communion et l'action de grâces. — Lucien au milieu de sa famille. — Touchante coutume.

L'époque de la première communion de Lucien et de ses jeunes amis approchait. Ce grand acte devait avoir lieu le 7 mai 1876, qui était, cette année-là, le troisième dimanche après Pâques, fête du patronage de saint Joseph.

Tant que les aspirants n'eurent point subi leur examen, la crainte de ne pas bien répondre en préoccupa plus d'un. L'inquiétude ne pouvait venir à Lucien à ce sujet, car il s'était préparé depuis longtemps. « Oh ! je m'applique, disait-il souvent, il faut que je sache ! » Mais il craignait d'être remis à l'année suivante, parce qu'il n'avait pas encore les onze ans exigés dans le diocèse de Saint-Claude pour la première communion. Aussi, à mesure que l'époque approchait, ses appréhensions grandissaient, et elles parvinrent même à ce point qu'il en parlait à chaque instant, mais en termes qui laissaient voir encore plus de désir que de crainte.

Enfin, le jour des examens venu, chacun répond de son mieux, et attend avec impatience que M. le curé proclame ceux qui sont admis. Oh ! bonheur ! Lucien s'entend nommer le premier. Ne se possédant plus de joie, il court aussitôt annoncer cette heureuse nouvelle à sa famille. Après les premières paroles d'effusion échangées entre lui et ses parents, il se recueille et dit : « Puisque je vais accomplir un si grand acte, je veux au moins faire tout ce que je pourrai pour m'en bien acquitter. » Sa résolution fut aussitôt mise à exécution. A partir de ce moment, une gravité inaccoutumée parut sur son visage ; il laissa de côté toute espèce de jeu, d'amusement ; et, plusieurs fois le jour, il se rendit à l'église pour demander à Notre-Seigneur de se préparer à lui-même un digne séjour dans son cœur. Voulant aussi y intéresser Marie, sa bonne mère du ciel, il s'imposa de réciter à genoux, tous les soirs, après la prière commune, le chapelet tout entier. Enfin, l'idée de l'importance de sa première communion le préoccupait tellement, qu'il n'avait pas d'autre sujet de conversation. Il ne pouvait même pas comprendre que quelques-uns de ses camarades pussent s'en préoccuper moins que lui.

Les questions d'habits, de cierges et autres choses semblables, si prédominantes parfois pour certains enfants même pieux, n'eurent aucune entrée dans l'esprit de Lucien. Il parut plutôt cen-

trarié de la sollicitude qu'y apportait sa mère.
« Oh ! c'est bon ! cela ira bien ! » répéta-t-il
plusieurs fois à Lons-le-Saunier, chez le tail-
leur qui lui faisait essayer un vêtement convenable. Il savait ue les vertus et la pureté du
cœur plaisent plus à Jésus que tout l'or et les
parures du monde.

Ce fut surtout pendant les trois derniers jours
employés tout entiers à la retraite, que Lucien
montra une ferveur exemplaire. Son recueillement et son silence y furent si profonds, que,
cinq ans plus tard, un de ses camarades s'en
souvenait encore avec admiration. Ce mot de
Lucifer « *Non serviam* », je ne servirai point, —
le frappa plus vivement que toute autre parole ;
aussi, peu de temps avant sa mort, Lucien rap-
pelait-il encore l'indignation que lui avait fait
éprouver l'audacieuse révolte du chef des re-
belles.

La veille du 7 mai au soir l'enfant, purifié et
renouvelé dans la grâce par ses larmes, et la
sainte absolution, s'endormit avec l'ineffable
espérance du bonheur qui l'attendait le lendemain.

La messe de première communion ne devait
avoir lieu que vers neuf heures ; mais, à l'aurore,
Lucien était déjà à l'église. Il entendit la messe
basse ; et longtemps après, il demeura encore
immobile et comme enchaîné au pied des autels. Quelle force le pouvait donc retenir là ?

Quels liens le tenaient ainsi captif? Ces liens, les cœurs lâches et corrompus ne les peuvent comprendre, car ils ne les ont jamais sentis. Ces chaînes précieuses et d'une douceur incomparable, ce sont les ardeurs de l'amour divin. O vous, qui méprisez les merveilleuses inventions du cœur d'un Dieu, venez nous dire qu'il n'y a sur l'autel qu'un pain sans saveur; niez audacieusement la présence réelle de Jésus dans l'hostie consacrée; la puissance invisible qui fixe durant des heures entières un enfant de dix ans au pied du Tabernacle, parle plus haut que tous vos blasphèmes.

L'heure où les nouveaux invités au banquet divin devaient se réunir au presbytère étant arrivée, Lucien s'y rendit comme les autres; mais son cœur demeura à l'église près de Jésus. C'est du moins ce que tous crurent reconnaître à son silence, à sa modestie et à son visage enflammé : l'enfant était ordinairement pâle.

Après les dernières recommandations, M. le curé et son vicaire passent à la sacristie pour revêtir les ornements sacrés, et reviennent aussitôt précédés de la croix, rejoindre les enfants, afin de les conduire processionnellement à l'église. Lucien est en tête du cortège; son jeune âge, sa petite taille lui ont sans doute valu cette place qui permet à tout le monde de le remarquer, et d'admirer la grâce divine répandue sur son angélique figure. En le voyant, on dut se dire : « Que pensez-vous que sera cet enfant (1) ? »

Les jeunes communiants étant entrés dans l'église, le saint sacrifice commença au milieu d'une profonde émotion. Lucien, quoique plus saisi que tous, ne laissa rien paraître d'extraordinaire. Il se servit même de son livre durant la plus grande partie de la messe, quoiqu'il n'en eût guère besoin, lui si habitué à s'entretenir cœur à cœur avec Jésus. Au grand moment, quand le prêtre eut fait entendre ces mots : « Voici l'agneau de Dieu, » l'enfant vint avec un calme parfait et un infini respect se mettre à genoux à la table sainte, et reçut le Dieu du ciel et de la terre caché sous le voile du sacrement ; puis, rayonnant de bonheur, il retourna à sa place. Absorbé dans l'adoration, l'humilité, l'admiration, la reconnaissance, l'enfant était sans mouvement. Nous n'avons pas dit qu'un petit nuage vint planer sur cette fête céleste. Le père et la mère de Lucien manquaient au divin banquet, retenus tous les deux à la maison par la fièvre. Ce souvenir attendrissant pour un enfant si aimant, vint bientôt le tirer de ses contemplations ; et il adressa au Dieu présent dans son cœur les plus ardentes prières pour ce père et cette mère qui étaient tout pour lui. Il pria aussi pour sa sœur et son beau-frère, auxquels il était

(1) Luc, I, 68.

très attaché, pour ses autres parents, sans oublier le vénérable prêtre dont il avait reçu tant de preuves d'affection et qui venait de le nourrir du pain eucharistique. Enfin, il recommanda fidèlement à Dieu tout ce qui pouvait intéresser son cœur et sa foi.

Les heures les plus douces de cette vie sont précisément celles qui paraissent fuir avec le plus de rapidité. Ainsi en fut-il du temps précieux qui s'écoula depuis la communion de Lucien jusqu'au moment de quitter l'église pour rentrer dans sa famille. C'est tout radieux d'une beauté céleste qu'il arriva à la maison paternelle. Sa présence ranima tout à coup ses deux chers malades qui, oubliant leurs souffrances, purent se mettre à table avec tout le monde. La famille entière prit ainsi part au repas et fêta Lucien. On devine aisément quel fut l'entretien tandis que l'on mangeait ; mais ce qu'on aurait de la peine à concevoir, c'est la pieuse avidité de la mère à contempler le visage de son enfant bien-aimé, resplendissant de cette pureté angélique qui surpasse toute beauté ! Elle n'en pouvait détacher ses yeux ; et comme si elle eût puisé dans cette vue un ample dédommagement pour ses sollicitudes passées, elle parut jusqu'au sortir de la table ne pouvoir regarder autre chose.

L'après-midi ne fut marquée que par la rénovation des vœux du baptême, où rien de particulier ne parut en Lucien. Sa ferveur dut être grande cependant si l'on en juge par sa fidélité à garder les solennels engagements qu'il prit alors.

Un si beau jour devait finir ; c'est, hélas ! la condition de toute chose ici-bas. Les joies de l'âme et de la conscience ont pourtant ceci de particulier qu'elles ne disparaissent jamais entièrement. Elles laissent après elles un parfum céleste qui embaume la vie et remplit le cœur de force et d'espoir. Ainsi en dut-il être pour les jeunes communiants de Ruffey.

Toutefois ces heureux enfants n'avaient pas épuisé encore tout le bonheur qui leur était réservé. Il existe dans ce pays un touchant usage qui semble vraiment répondre admirablement et à la tendresse du divin Pasteur des âmes, et aux aspirations de ses chères brebis : le lendemain même de la première communion, les enfants reçoivent de nouveau leur Dieu.

Ce fut donc sous le charme ineffable d'une prochaine communion que Lucien s'endormit le dimanche soir ; et le lundi il puisa de nouveau dans la divine Eucharistie la consolation et la force dont l'adorable Sacrement est la source par excellence.

CHAPITRE IV

Les fruits de la première communion. — Lucien Jouans, apôtre.— Il est mis à la tête de l'œuvre des jeunes gens. — Son influence salutaire. — Services qu'il rend à sa famille. — Sa dévotion envers la Passion et le T. S.-Sacrement. — Son courage à vaincre le respect humain.

Lucien, après sa première communion, continua de fréquenter l'école, et d'être en même temps employé à la garde du bétail ; mais les fruits du grand acte qu'il venait d'accomplir ne tardèrent pas à paraître.

L'enfant jusque-là s'était contenté de faire le bien pour son utilité personnelle, et d'éviter toute participation au mal commis par les autres. Désormais il sera apôtre. Sa prédication va être avant tout l'exemple, et elle aura une telle puissance, que sa manière de voir et de faire deviendra pour plusieurs une règle de conduite ; mais il saura de plus, dans les circonstances opportunes, parler, conseiller, agir, et ramener au bien ceux qui s'en seraient écartés.

On le vit mettre un soin particulier à combattre les suites funestes du mauvais exemple.

Entendait-il une parole trop libre, ou était-il témoin d'une action répréhensible, il ne manquait pas, surtout si elle pouvait scandaliser les plus jeunes, d'en avertir l'auteur ; et l'émotion de son cœur était telle alors qu'elle se trahissait dans le ton de sa voix, et faisait accepter humblement cette correction, ordinairement tout amicale. Au besoin, cependant, il savait prendre un ton plus ferme et même quitter brusquement une compagnie peu délicate. D'ailleurs sa présence suffisait le plus souvent pour maintenir dans la réserve les plus dissipés ; de sorte qu'il ne rencontrait que rarement l'occasion de reprendre quelqu'un.

M. le Curé ne put ignorer longtemps une influence si salutaire sur la jeunesse de sa paroisse. Aussi s'empressa-t-il de l'utiliser pour la réunion d'enfants qui continuait d'avoir lieu tous les dimanches au presbytère. Lucien en fut nommé président. La charge n'était pas facile ; aussi le jeune chef eut-il plus d'une fois à souffrir de l'indiscipline de plusieurs. Pourtant on ne le vit jamais se laisser aller à l'impatience ou à la mauvaise humeur, ni montrer de la suffisance à l'égard de personne. D'une exactitude rigoureuse à toutes les réunions, quelque temps qu'il fît, ou quelque peu nombreux que fussent les membres, il s'efforçait de mettre de l'entrain dans tous les jeux, et de la gaieté dans toutes les conversations. Il usait largement alors de la grande facilité de parole dont il était doué ; néanmoins, c'était surtout par la puissance de l'exemple qu'il s'appliquait à maintenir tout le monde dans le devoir. M. le Curé a rendu de lui le témoignage de n'avoir jamais eu à le reprendre pour quoi que ce fût.

En classe, comme on le comprend, le rôle de Lucien était plus secondaire. Paisiblement et courageusement appliqué à l'étude, il passait presque inaperçu. Néanmoins, après son départ de Ruffey, il fut souvent rappelé à ses anciens condisciples par M. David, son instituteur à cette époque. « Personne d'entre vous, leur disait-il, n'a encore pu faire tel travail comme Lucien Jouans. »

C'est surtout en gardant son troupeau que l'enfant s'efforçait de faire du bien à ses camarades qui se trouvaient comme lui dans les champs. Souvent, après s'être livrés pendant quelque temps à un jeu innocent et gai, on s'asseyait en groupe. Lucien, tirant alors de sa poche un Mois de Marie que sa mère lui avait donné, lisait quelques passages à haute voix ; puis chacun devisait sur ce qui l'avait le plus frappé. C'était principalement après la lecture d'un trait édifiant que la conversation était pleine d'entrain et de feu. Le lecteur était en même temps le docteur de la petite troupe ; c'était lui qui rectifiait les opinions fausses et expliquait les difficultés insolubles pour les autres ; surtout, il tirait les conséquences pratiques avec tant de naturel et d'à-propos, que personne ne songeait à contredire le prédicateur improvisé.

D'autres fois on parlait de piété tout simplement, et par inclination de cœur. Une fête, une cérémonie religieuse, un événement quelconque en fournissait le sujet. Il va sans dire que Lucien était l'âme de ces entretiens, car il éprouvait un besoin invincible de communiquer à d'autres les sentiments religieux dont son cœur débordait. Ses paroles avaient même tant de grâce et d'onction que son jeune et turbulent auditoire était pleinement subjugué.

Si Lucien ne trouvait personne qui pût lui convenir, il se tenait à l'écart ; et là, sous le regard de Dieu, il lisait, réfléchissait, priait. La récitation du chapelet lui était surtout familière ; M. le Curé ayant recommandé cette pratique à tous les petits bergers de sa paroisse, l'enfant s'y montrait fidèle.

C'est ainsi que, sous l'influence de la grâce de sa première communion, Lucien fit le bien autour de lui dans une large mesure. Sa famille ne devait pas être la dernière à se ressentir de l'amabilité, de la bonté, du courage qu'il avait puisés dans le divin sacrement. On le vit dès lors, plus que jamais, empressé à décharger le plus possible ses parents des travaux agricoles ; mais son inaptitude ici ne faisait que rendre plus touchante sa bonne volonté. On raconte que, employé à écarter et à piétiner le foin sur le fénil quand on déchargeait les voitures, le pauvre enfant se trouvait bientôt débordé de toutes parts. Il suait et soufflait à faire mal, mais jamais on ne l'entendait se plaindre.

Il suppléait d'ailleurs à la force et à l'adresse qui lui manquait de ce côté, par la multiplicité des petits services qu'il rendait à son père, et surtout à sa mère dans les soins de l'intérieur. « Oh ! j'irai bien, moi ; je ferai bien cela, » disait-il chaque fois que surgissait un dérangement ou une occupation à sa portée. Il allait aussi fréquemment chez son beau-frère, l'aidait, ainsi que sa sœur, amusait son petit neveu, ou lui apprenait à faire le signe de la croix, à joindre les mains, à répéter de pieuses invocations. Enfin on eût dit que son bonheur consistait à se rendre utile et agréable à chacun. Lucien n'hésita jamais à contrarier ses goûts pour faire plaisir aux autres. Ses parents et surtout son beau-frère l'ayant vivement engagé à entrer dans une société de musique, il consentit, bien qu'il fût loin d'en être content, à ce que son père lui achetât une clarinette. Toute religieuse que fût « la Lyre Villageoise, » dont la riche bannière, quatorze fois couronnée, figurait avec non moins de bonheur à l'église et aux processions, que dans les concours et les distributions de prix, l'enfant ne se trouvait pas en cette compagnie

assez dans son élément. Mais sa famille le désirait, et il ne se refusa pas à en faire partie.
C'est par tous ces traits de bonté de cœur et
d'abnégation que Lucien était la joie et la consolation de sa famille.

Cette édifiante conduite à l'extérieur et ces
vertus avaient nécessairement dans le cœur de
l'enfant un solide point d'appui ; et ici nous
sommes amenés à parler de l'amour de Dieu
dont Lucien devint de plus en plus embrasé ; car
il ne faut pas aller chercher ailleurs la source
de ses actes.

Après sa première communion ses deux grandes dévotions se manifestèrent : la Passion de
Notre-Seigneur et la sainte Eucharistie. Lucien
se montrait heureux d'exercer ses fonctions
d'enfant de chœur surtout les jours consacrés à
honorer les souffrances du divin Sauveur, et sa
présence réelle au Très Saint-Sacrement. Ainsi,
pendant le Carême, il se trouvait toujours le
premier pour accompagner le prêtre aux stations
du chemin de la Croix ; et, les trois derniers
jours de la semaine sainte, personne ne pouvait
le devancer pour les offices, quoique, afin de
ne pas interrompre les travaux des champs,
M. le Curé les célébrât à cinq heures du matin.

On assure que c'était une satisfaction pour
tous de l'entendre chanter quelqu'une des leçons
de l'Office en ces jours-là ; non à cause des
grâces naturelles de sa voix, — elle en avait

peu — mais à cause de l'onction religieuse qui caractérisait son chant.

Quant à la Fête-Dieu, elle avait toutes ses préférences. Il fallait le voir, pendant les processions, remplir l'office de thuriféraire. Rien ne pouvait le distraire du bonheur qu'il goûtait à rendre publiquement et solennellement au Dieu-Hostie, l'hommage suprême de l'adoration.

Son recueillement, sa piété, son union à Jésus choquaient parfois quelques-uns de ses camarades. A leurs railleries, il répondait simplement : « Je ne fais pas attention à ce que vous dites. Au lieu de vous moquer, faites donc encore mieux que moi. »

Mais dans les conversations intimes de la famille, il témoignait toute sa peine de voir ces jeunes gens peu respectueux envers le très Saint-Sacrement.

Lucien, au reste, pour ce qui le concernait, poussait jusqu'à la plus exquise délicatesse son respect à l'égard du Dieu du Tabernacle. Les enfants de Ruffey ont coutume, le dimanche, quand il pleut, de s'abriter sous une espèce de porche attenant au chœur de l'église et d'y jouer jusqu'à l'heure des offices. Lucien, par égard pour le saint lieu, ne s'y arrêtait jamais ; il entrait alors à l'église et priait.

Le fait suivant montrera jusqu'où allait sa foi en la présence réelle, et son amour pour le Dieu de l'Eucharistie. Un jour, dans un élan de ferveur expansive, il voulut confier à un de ses camarades qu'il estimait, un secret dont personne encore n'avait eu connaissance. Après avoir exigé de son confident la promesse d'un silence absolu, il lui dit : « Quand je regarde l'hostie consacrée dans l'ostensoir, je vois à sa place un *Ecce Homo*. Les bras sont coupés aux épaules, et je n'aperçois du corps que la poitrine ; mais la tête m'apparaît distinctement. avec une couronne d'épines sur le front. Il y a même des jours où je vois cela bien mieux que d'autres. » Ce ne fut pas seulement une fois qu'il parla ainsi ; il revint souvent sur ce sujet, et toujours avec de nouveaux détails, de nouveaux sentiments de gratitude et de généreuse compassion pour Jésus humilié et souffrant. Aussi, le confident, qui en a lui-même rendu témoignage, est-il pleinement convaincu de la réalité de la vision. Aucun jeu de l'imagination ne peut, à son avis, avoir produit cet effet ; et Lucien, plus d'une fois, voulut s'assurer lui-même qu'il n'était pas victime de l'illusion. « Je me retourne quelquefois de côté, disait l'enfant, je change de place pour regarder dans une autre position, et je vois toujours la même chose. »

Sans nous prononcer en aucune manière sur ce fait, nous pouvons dire du moins qu'il atteste que l'âme pieuse de Lucien était remplie de la pensée et de l'amour de Notre-Seigneur au divin sacrement d'Eucharistie.

Aussi, chaque dimanche, on le voyait de bonne heure, déjà revêtu de ses plus beaux habits, sortir de la maison paternelle. A la direction de ses pas, à l'air recueilli de son visage, chacun devinait qu'il allait à l'église pour communier. Depuis sa première communion, jusqu'à sa mort, il a été fidèle, chaque semaine, sauf de rares exceptions, à purifier son âme dans le bain sacré de la pénitence, et à la nourrir du pain des forts. Comme il apportait à ses communions toujours de plus vives ardeurs, et une préparation plus généreuse, il en sortait chaque fois enrichi de nouvelles grâces. Sa ferveur était si grande que, ni pendant la messe, ni pendant l'action de grâces, il n'avait besoin de livre. Son cœur lui fournissait abondamment de quoi s'entretenir avec Dieu.

Les instants lui paraissaient encore trop courts, quoiqu'il employât une demi-heure à jouir de la présence de Jésus dans son âme. Aussi, sa surprise était grande de voir bien des enfants sortir aussitôt après la messe de communion. Le dimanche au soir, après les offices, il ne manquait jamais de faire une visite à son hôte divin de la matinée, pour lui témoigner de nouveau toute la reconnaissance et l'ardent amour qu'il éprouvait. Là, non plus, il n'avait ni livre, ni chapelet, il n'avait besoin de rien d'extérieur pour soutenir sa piété. C'était cœur à cœur que, des heures entières, quelquefois, il s'entretenait avec Jésus et Marie.

On comprendra sans peine que Lucien, en remplisssant ses fonctions d'enfant de chœur, édifiait grandement les dimanches et jours de fêtes aux saints offices. Jamais une parole inutile, un regard évaporé, une démarche légère ; l'application calme et réfléchie qu'il apportait à tout, charmait les assistants et leur inspirait de la dévotion.

Dans la semaine, Lucien eût été heureux d'assister chaque jour au saint sacrifice ; mais, comprenant que les devoirs d'état l'emportent sur les pratiques de piété purement facultatives, il ne faisait aucune difficulté de s'en abstenir, si son travail l'empêchait d'y assister. Mais, venait-il à pleuvoir, on l'entendait dire : « Voilà qu'il pleut ; on ne peut rien faire, je m'en vais à la messe. »

Nous ferons remarquer que l'enfant n'avait pas embrassé cette vie franchement pieuse sans avoir à lutter contre le respect humain; il a plusieurs fois avoué qu'il était très sensible sur ce point. Mais il savait généreusement se vaincre. C'est ainsi qu'il ne manquait jamais de se découvrir ou faire ostensiblement le signe de la croix en passant devant une croix ou un édifice sacré ; et les railleries ne purent jamais lui faire omettre cette pratique. Une fois entre autres qu'il avait été ridiculisé par des personnages

influents du pays, il sut si bien leur répondre,
que ces imprudents durent continuer leur route,
sans répliquer un seul mot. C'est un témoin du
fait qui l'a raconté.

CHAPITRE V.

Aspirations de Lucien vers la solitude et l'union à
Dieu.— M. le Curé le croit appelé à l'état ecclésiastique. — Raisons qui portent l'enfant à ne pas embrasser le sacerdoce. —La rencontre des Frères à Seil-
lères. — Lucien déclare à sa famille que Dieu le destine à l'Institut du Vénérable de la Salle. — Admirables réponses aux difficultés qu'on lui propose. —
M. le Curé constate l'appel divin.

Depuis longtemps déjà Lucien Jouans, quoique sans se l'expliquer bien clairement, éprouvait comme un besoin de solitude et d'union avec
Dieu. Il ne pouvait supporter le tumulte des ré-
jouissances mondaines. La vie de prière à l'église,
à la maison paternelle et jusque dans les champs
avaient au contraire pour lui des charmes irré-
sistibles. Ceux qui sont toujours restés étrangers
à ces sentiments les traitent de rêveries ; mais
pour les âmes religieuses, qui toutes en ont plus

ou moins ressenti la puissance, leur réalité ne saurait être douteuse. D'ailleurs, hâtons-nous de le dire, ces aspirations tendent généralement vers un but plus élevé qu'une vie pieuse et tranquille au sein de la famille. Si elles n'avaient eu d'autre terme en Lucien, elles eussent dès lors été pleinement satisfaites, car il vivait aussi pieusement qu'on pourrait l'imaginer hors du cloître ; mais c'était une vie en Dieu et toute pour Dieu que son âme réclamait ; et jusqu'à ce qu'il l'ait rencontrée, son cœur n'aura pas de repos.

M. le Curé, témoin attentif des opérations de la grâce dans l'âme de son jeune paroissien, crut, en les rapprochant du goût de Lucien pour les cérémonies religieuses, que Dieu l'appelait à l'état ecclésiastique. Il lui exposa sa pensée à ce sujet plusieurs mois avant la première communion. Le vénérable curé n'obtint alors qu'une réponse évasive. Mais, l'attribuant à la légèreté de l'âge, il n'en garda pas moins l'espoir que l'enfant un jour serait prêtre. Une chose cependant le fit hésiter un instant : c'était la crainte que Lucien ne manquât de facilité pour l'étude ; mais, rassuré sur ce point par l'instituteur dont il prit l'avis, il laissa, avec confiance, au temps, la solution d'une question qui, pour lui, au reste, n'était pas douteuse. La première communion vint peu après, apportant avec elle les fruits admirables de vertu et de piété dont nous avons parlé. Mais, contrairement à ce qu'on aurait pu attendre, aucune lumière bien précise sur son avenir ne fut accordée à Lucien. Il sentit seulement croître de plus en plus son besoin de recueillement et de prière.

C'est alors que M. le curé, croyant le moment venu de prendre une détermination sérieuse, lui proposa d'entrer au séminaire. Lucien, qui ne s'y sentait pas appelé, eut le tort de ne pas oser dire ce qu'il avait dans le cœur. Il craignait par là d'attrister M. le Curé. La réponse qu'il lui fit, quoique empreinte d'une indifférence glaciale, n'était pas négative. Le bon pasteur crut que des données plus claires sur la sublimité du sacerdoce, la grandeur de ses pouvoirs, la beauté de ses fonctions et les mérites qu'acquièrent ceux qui en remplissent dignement les obligations, toucheraient ce cœur sensible à toutes les idées religieuses, et réveilleraient en lui les germes d'une vocation que son zèle lui reprochait peut-être de n'avoir pas assez cultivée. Or, ces raisons étaient précisément celles qui tenaient l'enfant le plus fortement éloigné de la prêtrise.

Lucien Jouans a dit bien des fois depuis, en effet, que le principal motif pour lequel il n'avait point osé aspirer au sacerdoce, était le fardeau redoutable de la charge pastorale. D'ailleurs l'idée que sa foi vive lui donnait des fonctions ecclésiastiques, surtout en ce qui concerne le saint sacrifice, effrayait son humilité. « Oh !

quelle sainteté il faut à un prêtre, disait-il un jour à un petit novice, pour être digne de ses fonctions ! Et qu'il lui est nécessaire d'être appelé de Dieu pour les remplir ! » Et à un autre : « Je ne comprends pas pourquoi on a plus de vénération pour les reliques des saints, et pour les objets qui ont été à leur usage, que pour les doigts du prêtre qui touchent tous les jours le corps de Notre-Seigneur. »

Voilà ce que Lucien eût dû dire tout de suite à son directeur. Mais, dans la crainte sans fondement qu'éprouvait son cœur inexpérimenté, l'enfant n'osait prendre sur lui-même de s'expliquer. C'est pourquoi à chaque nouvelle communication avec son directeur, il sentait s'aggraver la difficulté de sa situation. Des réponses toujours évasives finiraient inévitablement par offenser légitimement M. le Curé ; mais aussi un refus catégorique lui causerait du chagrin. Le pauvre enfant en vint à redouter beaucoup les entretiens avec son pasteur bien-aimé, et à esquiver même sa rencontre. Mais comme il n'y réussissait pas à son gré, il demanda conseil à sa mère. « Si tu ne veux pas être prêtre, lui répondit celle-ci, dis-le à M. le Curé ; cela vaut bien mieux que de lui laisser croire indéfiniment ce qui n'est pas. »

L'enfant le comprit enfin ; et, à la première occasion, il s'arma de tout son courage, et fit connaître à M. l'abbé Mallet qu'il n'avait aucune envie d'entrer au séminaire. Le bon prêtre, après quelques explications sur les motifs de ce refus, reconnut la volonté de Dieu, et s'y soumit aussitôt.

Mais la question de vocation n'était pas, par cela, tranchée pour Lucien. Si le sacerdoce l'effrayait, la vie dans le monde lui répugnait souverainement. Il sentait qu'il ne pouvait pas y rester. Mais où aller ? il ne trouvait dans ses prières, dans ses réflexions intimes, dans ses communions, aucune lumière sur ce point, rien qui pût le guider pour prendre une détermination quelconque.

Dans cette extrémité, il eut recours d'une manière toute particulière à la Sainte Vierge, sa mère bien-aimée. Pour obtenir d'être fixé sur sa vocation, il s'imposa, entre autres choses, d'assister chaque dimanche au rosaire qui se récitait après les vêpres, bien qu'aucun homme ni jeune garçon ne le fît. Cet acte pieux en l'honneur de Marie ne devait pas demeurer sans succès.

On était au printemps de 1877, et Lucien avait douze ans. M. Bonnard de Desnes, dans une visite qu'il fit à la famille Jouans, parla avec enthousiasme du bonheur de ses deux enfants entrés depuis quelque temps dans l'Institut des Frères des Écoles chrétiennes. Lucien fut singulièrement frappé de ses paroles, mais rien de décisif ne se produisit encore en lui. Au mois de juin suivant, il accompagna son père chez un de ses oncles à Sellières. Deux enfants de celui-ci allaient en classe chez les Frères qui dirigeaient alors l'école de la localité. La conversation ne tarda pas à tomber sur les jeunes écoliers, et de ceux-ci sur leurs maîtres. L'oncle fit des instituteurs de ses deux enfants un éloge flatteur, et Lucien ne perdit pas un mot. Aussi, quand il aperçut en se rendant à la messe, ces modestes religieux conduisant leurs élèves à l'église, il les considéra attentivement. Il trouvait tant de charme dans leur humble costume, qu'il ne pouvait en détacher ses yeux. Mais voilà que tout à coup il crut entendre une voix intérieure qui lui disait : « C'est ainsi que tu devrais être. » Ce fut un éclair pour l'enfant. La volonté du ciel sur son avenir lui était nettement indiquée. Il a lui-même raconté qu'à partir de ce jour il se dit: « Je serai Frère des Ecoles chrétiennes. »

Restait à faire connaître et surtout à faire agréer cette détermination à sa famille. Malgré les sentiments religieux de ses parents, il prévoyait bien des obstacles, surtout du côté de sa mère, qui avait pour lui une vive tendresse. L'enfant conduisit l'affaire avec une prudence étonnante. Il commença par dire qu'il n'était pas fait pour le monde, et manifesta hautement son dégoût pour tout ce qui s'y rencontre. Il mit surtout à profit son peu d'aptitude pour la culture ; et une circonstance vint lui fournir comme à souhait un prétexte à l'appui de sa résolution.

Vers cette époque, on lui fit sarcler à lui tout seul tout un champ de fèves. Il y employa quinze jours, et s'y ennuya d'autant lus que, au commencement, il avait eu à côté de lui une nombreuse famille occupée tout entière à une besogne semblable qui fut naturellement vite achevée. Il ne cachait pas son dégoût pour un travail si long, mais il ne fit jamais aucune difficulté pour le reprendre chaque jour, jusqu'à ce qu'il fût terminé. Sa réponse ordinaire aux plaisanteries que lui valait son peu d'habileté était celle-ci : « Vous voyez bien que je ne suis pas fait pour cela. » Dans la suite, quand, sur un ton ou sur un autre, on lui reprochait sa maladresse, Lucien ne manquait jamais de répondre : « Vous voyez bien que le bon Dieu me veut à autre chose. »

On ne tarda pas à soupçonner sous ces réponses réitérées quelque dessein caché. Un jour son beau-frère lui répliqua : « Mais pourquoi es-tu donc fait, si ce n'est pas pour le monde ? Est-ce pour être Capucin ? — Oh ! non, reprit Lucien. — Trappiste, alors ? — Non plus. — Quoi donc ? Chartreux ? Dominicain ? — Pas davantage. — Jésuite, peut-être ? — Pas du tout. — Ah ! j'y suis ; je parie que tu veux être Frère des Écoles chrétiennes, comme ceux qui instruisent les enfants de Sellières ? — Eh bien, oui, parrain, vous avez deviné ; je veux être Frère des Écoles chrétiennes. — Et pourquoi ne veux-tu pas des autres, ils ne valent donc rien ?

— Non, ils ne valent rien pour moi, puisque le bon Dieu ne m'appelle pas à leur genre de vie. »

Le mystère était dévoilé, et chacun dans la famille Jouans put dès lors savoir que Lucien voulait, à tout prix, être Frère des Écoles chrétiennes.

L'enfant aussitôt vit surgir des obstacles. Comme il l'avait prévu, sa mère ne voulut pas entendre parler de sa résolution. Se séparer de son fils ! le laisser aller au loin, parmi des étrangers et des inconnus, et peut-être ne jamais le revoir ! C'était trop lui demander. Ainsi n'épargna-t-elle rien pour ébranler sa détermination. « Que ferons-nous tout seuls, ton père et moi ? » lui disait-elle ; « tu ne nous aimes donc pas ? » Et Lucien de protester de son amour et de son attachement, tout en faisant ressortir l'obligation d'obéir à l'appel de Dieu. D'ailleurs il n'était pas embarrassé pour trouver des solutions aux plus graves difficultés qu'on lui proposait. Aussi, à l'objection de l'isolement de son père et de sa mère, il avait répondu aussitôt que son beau-frère et sa sœur reviendraient à la maison paternelle. De même, au reproche de ne pas les aimer, de vouloir les délaisser, il opposait ces sentiments de sa foi ardente : « Je vous serai plus utile par la protection de Dieu que j'attirerai sur vous dans la vie religieuse, que par mon travail personnel. »

Son père et son beau-frère se joignaient quelquefois à la mère, mais dans un tout autre but. Leur intention n'était point de contrarier sa vocation, mais ils craignaient que sa décision ne fût qu'un désir de jeunesse que les premières difficultés sérieuses feraient évanouir. Ils ne voulurent donc rien négliger pour distinguer clairement si sa résolution venait réellement de la grâce ou d'un enthousiasme irréfléchi. Tantôt ils lui proposaient quelque carrière libérale susceptible de flatter ses goûts, exagérant les avantages qu'elle pouvait avoir, pour la rendre plus séduisante. Tantôt ils lui montraient les dangers auxquels sont exposés les religieux dans les temps de persécution où nous vivons. « C'est chez les curés, les religieux, lui disaient-ils, que les révolutionnaires vont en premier lieu. — Qu'est-ce que cela fait, répondait Lucien, pourvu qu'on meure bien, peu importe par quel moyen. »

Assurer son salut contre les dangers du monde, voilà en effet quel était le fondement de sa résolution.

Cependant Lucien, toujours par un effet de cette crainte qui a déjà été remarquée en lui, n'avait pas fait connaître son projet à M. le Curé. C'est M. Jouans qui en instruisit le vénérable pasteur. Voyant un jour passer près d'un champ où il travaillait M. l'abbé Mallet, il lui dit : « Savez-vous, M. le Curé, où Lucien veut aller ? — Je l'ignore complètement. — Oh ! je vous le donne à deviner en cent. — J'y renonce tout à fait. — Il veut être Frère des Écoles chrétiennes. — Ah ! je n'y aurais jamais songé. Et c'est sérieux ? — Très sérieux, M. le Curé ; la preuve, c'est que sa mère et nous tous avons eu beau lui représenter toutes sortes de choses, nous n'avons pas pu lui faire sortir cette idée de la tête. — Si c'est réellement sa vocation, reprit le digne prêtre, vous ne devez pas vous y opposer. Mais vous me l'enverrez, et nous examinerons cela ensemble. »

Quelques jours après, Lucien se rendait près du directeur de sa conscience. « Il paraît, mon ami, que tu as le dessein d'être Frère ? — C'est vrai, M. le Curé. — Très bien ; mais as-tu réfléchi sérieusement ? — Je le crois, M. le Curé. — Tu seras éloigné de tes parents, et tu ne pourras venir les voir que très rarement. — Je prierai pour eux. — Oui, mais chez les Frères la vie est dure ; il faut se lever tous les matins à quatre heures et demie, en hiver comme en été ; être toujours soumis, ne jamais faire ce qu'on voudrait, se mortifier, prier, étudier, méditer, sans presque avoir un moment de répit. — Ah ! vous savez bien, M. le Curé, que ce n'est pas là ce qui m'épouvante ; cela m'ira très bien, au contraire. — Et comment feras-tu la classe ? c'est très pénible ; on y use vite sa santé. — Oh ! à tout cela le bon Dieu pourvoira. Mourir dix ans plus tôt ou dix ans plus tard, qu'est-ce que cela fait? pourvu qu'on meure bien ? »

De nouvelles objections eussent été inutiles. Aussi le sage directeur ne put-il que confirmer une vocation manifestement divine, et engager M. Jouans à remercier Dieu du choix qu'il faisait de son fils pour un état si parfait.

CHAPITRE VI.

Lucien triomphe de la tendresse de sa mère. — Voyage à Lons-le-Saunier. — Le Petit Noviciat de Saint-Claude-lès-Besançon. — Lucien y est admis. — Les préparatifs du départ. — Déchirements des adieux. — Courage de l'enfant.

Mme Jouans qui jusqu'ici avait résisté, finit par se déclarer vaincue, devant l'acquiescement de son mari, les raisons si solides de l'enfant, et l'autorité de l'homme de Dieu qui venait de se prononcer. Mais elle voulait au moins obtenir un délai dans l'exécution du projet. « Tu as bien le temps d'y être, disait-elle à Lucien ; tu iras chez les Frères l'année prochaine. » Et l'enfant que désolait la pensée d'ajourner un dessein qui lui était si cher, et d'exposer ainsi sa vocation, répondait: « Ah ! oui, l'année prochaine, quand je serai perverti ! Ne voyez-vous pas ce qu'on devient ici ? Regardez tels et tels. »

Lucien, à force de sollicitations, obtint enfin la promesse d'être conduit le premier jeudi d'octobre au Frère Directeur de l'école chrétienne de Lons-le-Saunier. C'était la première démarche à faire. Trois mois environ s'étaient écoulés depuis le jour où l'enfant, en voyant les Frères de Sellières, avait entendu la voix de Dieu.

A l'époque convenue, Lucien, joyeux, accompagné de son père et de sa mère, partit pour Lons-le-Saunier. Mme Jouans, quoique ayant consenti à la démarche, était bien loin d'avoir offert à Dieu, aussi généreusement que son mari, le sacrifice de ce cher enfant. Durant tout le trajet, elle essaya encore d'ébranler la résolution de son fils ; mais ce fut en vain.

Le Frère Directeur des Écoles chrétiennes de Lons-le-Saunier, après avoir reconnu les bonnes dispositions de Lucien, déclara qu'il pourrait être reçu au Petit Noviciat de Saint-Claude-lès-Besançon. Cet établissement est une sorte d'école pieuse où les enfants qui se croient appelés à l'Institut du Vénérable de la Salle, sont admis dès l'âge de 13 à 14 ans, pour se préparer au Noviciat proprement dit, lequel ne commence que vers 16 ou 17 ans.

Le Frère Directeur proposa ensuite les conditions d'admission. Mme Jouans se récria aussitôt sur l'impossibilité de les remplir ; jamais surtout on ne pourrait payer la somme exigée pour la pension du Noviciat. Il faut dire que ce n'était qu'un prétexte, car le prix n'est jamais excessif, grâce aux ressources fournies par l'Œuvre du Vénérable de la Salle. Mais on comprend que la pauvre mère trouvant là son dernier refuge, s'y attachât avec l'énergie du naufragé qui saisit une épave.

Le Frère Directeur reconnut bien vite au silence du père et aux protestations de l'enfant que la grosse difficulté n'était pas de donner de l'argent, mais de se séparer d'un fils tendrement aimé. Aussi il pria l'excellente famille de réfléchir durant le temps qu'elle avait à passer à Lons-le-Saunier ; et si enfin on décidait quelque chose, on reviendrait l'en informer.

Lucien crut probablement sa cause perdue, ou du moins considérablement retardée. Il se mit à pleurer en quittant la maison des Frères, et ne cessa plus qu'on ne l'y eût ramené. « On peut bien accepter, répétait-il à chaque pas, la somme n'est pas si forte ; et puis ce ne sera que pendant que je serai au Noviciat ; après vous n'aurez plus rien à dépenser pour moi. » L'enfant finit par triompher. Emue elle-même de l'affliction de son fils, la mère consentit à retourner auprès du Frère Directeur.

M. Bonnard, qui avait le premier fait connaître les Frères à Lucien, se trouvait précisément là. Il ne put qu'engager la famille Jouans à marcher en avant ; si bien que la mère, voyant approcher le moment d'une entente, sentit toute sa répugnance se raviver. Il fallait pourtant prendre un parti. M. Jouans, après avoir tout bien considéré, déclara au Frère Directeur qu'il acceptait les conditions proposées. Lucien laissa éclater alors un tel transport de joie, que l'assistance en fut saisie. Enfin, après avoir parlé à oisir des démarches à faire, des papiers à se procurer, du trousseau à fournir, on fixa le départ de Lucien pour Besançon au 3 novembre suivant.

M. le Curé connut l'un des premiers l'arrangement conclu à Lons-le-Saunier. Il se chargea de faire lui-même la demande officielle d'admission au Frère Directeur du Petit Noviciat. Le témoignage qu'il rendit de son paroissien, en cette circonstance, mérite d'être cité ; il est la confirmation de ce que nous avons dit jusqu'ici à la louange de Lucien : « Je vous assure, M. le Directeur, disait le digne prêtre, que l'enfant est pieux, beaucoup plus qu'on l'est ordinairement à cet âge ; d'une piété simple et sans enthousiasme ; et je dois ajouter que c'est pour moi un vrai sacrifice de m'en séparer. »

Cependant Lucien hâtait les préparatifs du départ. Sa mère lui disait : « Tu t'en remueras si tu veux ; pour moi, je ne veux pas m'en occuper. » « Moi, j'ai bien d'autre besogne, » ajoutait le père. L'enfant se chargea joyeusement de tout ce qu'il pouvait faire. Il s'occupa de faire relever son acte de naissance, après être allé jusqu'à

Bletterans chercher le papier nécessaire ; il sollicita son extrait de baptême, et son certificat de vaccine ; il activa la confection de son trousseau ; enfin, on le vit montrer en cette circonstance une initiative à laquelle personne ne se serait attendu.

Cependant le 3 novembre approchait ; et, malgré l'empressement de Lucien, les préparatifs n'étaient pas achevés. Il fallut donc retarder le départ. L'enfant alla lui-même avec son beau-frère avertir le Frère Directeur de Lons-le-Saunier qu'il ne pouvait être prêt que pour le dix du mois.

Ce retard, qui contrariait Lucien, ne déplaisait pas à ses parents, surtout à sa pauvre mère, qui ne pouvait songer au moment de la séparation sans verser d'abondantes larmes. Lui cependant s'efforçait de consoler tout le monde par les considérations qu'il croyait devoir être plus goûtées. C'est ainsi que, à Lons-le-Saunier, il faisait remarquer à son beau-frère les charmes de la vie des Frères : « Regardez s'ils ne sont pas bien ! » disait-il ; combattant ainsi les appréhensions de sa mère, partagées d'ailleurs par toute la famille, au sujet des maux qu'il aurait à souffrir. Une autre fois, on le pressait de prolonger son éjour à Ruffey d'une semaine encore, afin d'assister à la fête du pays. « A quoi bon ? répondit-il, au service de Dieu, c'est toujours fête. »

On serait tenté de croire, d'après toutes ces

paroles, que Lucien se faisait illusion sur l'austérité de la vie religieuse. Mais il n'en était rien : ses parents, qui le connaissaient bien, ne virent là qu'un moyen employé par cet enfant affectueux pour rassurer leur tendresse alarmée.

Cependant la nouvelle du prochain départ du petit Jouans pour le couvent, ainsi qu'on disait, s'était répandue dans le village et avait été diversement accueillie. Comme Lucien était connu pour sa piété et sa sagesse, on ne s'en étonna que médiocrement. Néanmoins quelques étourdis en profitèrent pour faire entendre sur son passage le cri que la lie de nos cités profère contre les religieux et les prêtres. En le remarquant, Lucien se réjouit sûrement « d'être » déjà « trouvé digne de souffrir quelque chose pour Jésus-Christ. »

Enfin le jour où Lucien devait quitter Ruffey arriva. C'était un dimanche. On faisait la fête de la Dédicace de toutes les églises de France. Selon sa coutume, le pieux enfant s'était purifié la veille par le sacrement de Pénitence. Il communia le matin à la première messe, et assista encore à la messe solennelle. Au sortir de l'église, comme les enfants du pays, animés envers lui de sentiments divers, l'attendaient sur la place, il évita leur rencontre en prenant avec son père un chemin détourné.

La famille se réunit alors pour le repas d'adieux. On se figure ce qui dut se passer, et comment

les larmes de la mère et de la sœur interrompi
rent plus d'une fois la conversation. Cette pauvre mère ne pouvait encore se faire à l'idée de
quitter son cher Luci..., de vivre sans lui. Elle
avait apprêté son trousseau, arrangé sa malle ;
elle avait préparé ce dernier repas avec une sollicitude inaccoutumée ; et elle ne croyait pas
encore à la possibilité de cette séparation. C'était
pour elle un de ces pénibles cauchemars dans
lesquels on ne sait si l'on rêve, ou si l'on est
éveillé. Mais enfin vint le moment d'embrasser
son fils pour la dernière fois. Toute illusion
pour elle dut s'évanouir, et le sacrifice lui ap-
parut alors dans sa poignante réalité. On crut
un instant qu'elle ne laisserait point aller l'enfant, tellement on eut de peine à l'arracher de
ses bras.

Dès la veille, Lucien avait pris congé de ses
oncles et de M. le Curé. Le vénérable prêtre
voulut assister aux adieux de la famille, afin de
fortifier la mère, et de bénir encore une fois
l'enfant. Voyant cette femme si désolée, il essaya
de la consoler par les considérations de la foi si
puissantes pour adoucir une pareille douleur.
Tandis que tout le monde pleurait autour de lui,
et sa mère plus que tous les autres, Lucien conserva un calme admirable ; et on ne lui vit pas
verser une seule larme. Il n'en souffrait pas
moins cruellement, avec la vive sensibilité dont
il était doué, et la profonde affection qu'il por-

tait à sa mère. Mais Lucien se faisait ainsi violence, parce qu'il craignait, comme il l'a dit depuis, qu'en laissant voir sa peine, il n'augmentât encore la douleur des siens. D'ailleurs, et avant tout, sa foi ardente lui montrait, dans la séparation terrestre, le gage d'une union éternelle au ciel.

A deux heures après midi, M. Jouans et son gendre prirent Lucien avec eux et l'emmenèrent à Lons-le-Saunier. A Ruffey, l'enfant s'était séparé de sa mère ; à Lons-le-Saulnier, c'est son père et son beau-frère qu'il fallait quitter, pour ne plus rencontrer autour de lui que des visages inconnus. Lucien ne se démentit pas un instant de sa fermeté et de son courage. Le moment cependant était critique pour un enfant qui n'avait jamais passé une heure loin de sa famille. Mais là encore, sa foi le faisait triompher de la chair et du sang, et lui montrait dans ces étrangers des frères aînés d'une nouvelle famille, à laquelle il appartenait de cœur depuis bientôt deux ans. D'ailleurs leur bienveillance à son égard lui donna dès lors l'assurance du pieux attachement qu'eux aussi lui avaient déjà voué.

CHAPITRE VII.

Arrivée de Lucien au Petit Noviciat. — Impression qu'il produit sur tout le monde. — Son bonheur. — On lui assigne sa classe. — Les fêtes à la chapelle. — Aptitude pour l'oraison. — Courage à l'étude. — Lucien en récréation et au réfectoire. — Sa lettre du premier de l'an.

Lucien se voyait enfin libre de suivre l'appel divin. Sa joie était grande ; et il la témoigna aux Frères de Lons-le-Saunier toute la soirée.

Le lendemain, dès six heures du matin, il se dirigeait vers la gare, en compagnie d'un Frère de la communauté. Jamais il n'avait voyagé en chemin de fer ; à son âge, la nouveauté du fait devait, ce semble, le captiver ; il n'en fut rien. Si le voyage le remplissait d'allégresse, ce n'était qu'à cause du terme qu'il devait avoir. Après dix-huit mois d'attente, de sollicitations et d'espérances, il allait enfin trouver cet asile de piété et de vertu dont son cœur s'était fait à l'avance une si délicieuse peinture. Rien, à ses yeux, n'était digne d'entrer en comparaison avec un pareil bonheur. Le naïf enfant, à chaque station, demandait si ce n'était pas Besançon. Enfin il entend annoncer cette ville, et il ne se possède plus de joie. Lucien ne fait attention ni à la foule qui encombre la gare, ni au spectacle nouveau que lui présentent les puissantes fortifications qui entourent la cité, et un site montagneux rendu plus sévère encore par les brumes de novembre. « Où est le Noviciat », telle fut sa première question au sortir de la foule. Son compagnon de route ne put, en ce moment, que lui en montrer la direction. Mais, arrivés presque au sommet de Saint-Claude, nos deux voyageurs remarquent l'église paroissiale et sa flèche couronnée d'une statue de la très sainte Vierge « Quand nous l'aurons dépassée, dit le Frère, nous apercevrons le Noviciat. » Lucien sent son cœur battre plus fort à mesure qu'il approche de l'édifice sacré. Enfin, au détour de la route, il voit, à environ deux cents mètres, un grand corps de bâtiment presque neuf et couvert en ardoises. « Est-ce là le Noviciat ? demande-t-il ! — Oui, mon enfant ; nous y serons bientôt. » En effet, à peine ont-ils fait encore quelques pas, qu'un portail fermé par deux ventaux de fer se dresse devant eux. Ils sonnent ; et bientôt un vieillard vénérable, qui fait l'office de portier, apparaît et leur souhaite la bienvenue.

Si Lucien eût mieux connu la langue du Psalmiste, assurément, comme saint Louis de Gonzague entrant aussi au Noviciat, il se fut écrié : « C'est ici le lieu de mon repos pour jamais ; j'y demeurerai, parce que je l'ai choisi (1). » Cette

(1) Ps. CXXXI-14.

parole, en effet, qui exprime si bien les sentiments de son âme à ce moment, devait avoir en
lui son accomplissement littéral, puisque c'est
dans le cimetière que possèdent les Frères, au
fond de leur vaste enclos, qu'est déposée la dépouille mortelle de notre pieux jeune homme.

La propriété du Noviciat couronne un des coteaux de la banlieue de Saint-Claude. Divers corps
de bâtiments y abritaient alors quatre catégories
de personnes bien distinctes : le Noviciat proprement dit, la communauté des Frères anciens,
soit retraités, soit employés à la maison, l'école
départementale des sourds-muets, et enfin le
Petit Noviciat.

Dès son arrivée, Lucien produisit sur tout
le monde l'impression la plus favorable. Anciens et novices, maîtres et élèves furent
charmés de son extérieur simple, modeste,
déjà presque religieux. Ses condisciples rappe-
laient encore après sa mort l'application extraordinaire qu'il mit à étudier une leçon dès le
premier moment de son installation parmi eux ;
et son directeur dit aussi : « Dès l'entrée de ce
cher enfant au Petit Noviciat, j'ai pu apprécier
le trésor que le Seigneur me confiait ; et je n'ai
jamais eu l'occasion de me déjuger. »

Lucien, au Petit Noviciat, se sentit aussitôt
dans son élément. Ni sa physionomie, ni ses
paroles, ni ses lettres n'accusèrent jamais la
moindre trace d'un ennui quelconque durant les

premiers jours. Dans une lettre écrite seulement cinq jours après son départ de Ruffey, il s'exprime ainsi : « Pour le moment, je suis très content. Je vous remercie de tout mon cœur, chers parents, de m'avoir laissé entrer dans ce bel Institut où nous sommes à l'abri de toutes les attaques du démon, et où nous ne recevons que de bonnes leçons. Vous serez heureux, vous aussi, de me sentir si bien au service du bon Dieu. » Le pieux enfant, dans cette lettre à sa famille, signale la visite au T. S.-Sacrement comme une des sources de son bonheur. Quel délicieux instant, en effet, pour une âme qui n'aspire qu'à servir Dieu de toutes ses forces, que celui où elle peut s'entretenir avec Jésus-Hostie, lui exposer ses désirs, son amour et ses peines, et recevoir de lui des réponses qui réjouissent l'esprit et fortifient le cœur.

Tout naturellement, Lucien fut classé parmi les moins avancés ; mais il n'y resta pas longtemps. Son sérieux et son application au travail compensant, et au-delà, une certaine vivacité d'esprit qui lui faisai un peu défaut, il parvint en très peu de temps à dépasser tous ses compagnons, et à mériter d'être placé dans une section supérieure. Tous ses émules cependant travaillaient avec ardeur. Mais il était très bon parmi les bons, excellent parmi les meilleurs, voilà ce qui explique ses rapides progrès. D'ailleurs il avait pour s'animer au bien le souvenir de la présence de Dieu. Habitué depuis longtemps à ne travailler que pour le souverain Maître, et à mêler la prière à toutes ses occupations, il tira un immense profit des oraisons jaculatoires récitées aux heures et aux demi-heures dans les classes du Petit Noviciat, conformément aux prescriptions du Vénérable de la Salle pour toutes les écoles chrétiennes. Quand, au premier son de la cloche, le petit novice qui en avait la charge disait, par exemple : « Souvenons-nous que nous sommes en la sainte présence de Dieu », on voyait Lucien se recueillir profondément ; et, s'il y avait lieu, répondre avec un accent de piété qui impressionnait vivement ses voisins. La prière finie, il reprenait son travail avec une nouvelle énergie, semblable au voyageur fatigué qui, rencontrant sur son chemin une source limpide, se désaltère un instant, et n'en poursuit sa route qu'avec plus d'ardeur.

Les enfants du Petit Noviciat prennent une part active aux fêtes qui se célèbrent à la chapelle ; et les uns remplissent les fonctions d'enfants de chœur, les autres celles de chantres. Lucien eut la discrétion délicate de taire sa prédilection pour les cérémonies du sanctuaire ; et, dès son arrivée, il fut incorporé au chœur de musique, afin d'utiliser les quelques notions de cet art qu'il avait apprises à Ruffey. L'impression que produisit sur lui la vue de nos pieuses solennités fut très grande. Il écrivait quelque temps après le 21 novembre ces lignes à sa famille :

« Nous avons eu une belle cérémonie, la veille et le jour de la Présentation de la sainte Vierge. Je ne verrai peut-être jamais la pareille de ma vie. » Les circonstances en étaient effectivement exceptionnelles. On célébrait à la fois une prise d'habit religieux et une première communion ; prise d'habit d'un vieillard de 60 ans qui, demeuré veuf, avait vu ses cinq enfants embrasser la vie religieuse : quatre garçons dans l'institut des Frères, et une fille chez les Clarisses ; première communion du dernier de ses enfants, entré au Petit Noviciat quelques semaines avant Lucien.

De grandes solennités se succédèrent à de courts intervalles : celle de l'Immaculée Conception, si chère aux enfants du Vénérable de la Salle, celle de son octave, fête patronale des Noviciats des Frères, enfin celle de Noël si consolante pour les pieux instituteurs des enfants pauvres. Elles remplirent de douces joies le cœur de notre charmant petit Novice. Il parlait avec émotion de ces fêtes et de la pompe si pieuse qui les accompagnait. Quand il fut plus habitué à ces triomphes de la foi, Lucien disait simplement : « Eh bien ! je suis content de voir le bon Dieu ainsi honoré ! »

Lucien, pour goûter Dieu, n'avait pas besoin au

reste de ces pieuses magnificences. La méditation lui avait toujours été chère ; il s'y adonna avec ardeur au Petit Noviciat. Pour initier les enfants à cette pratique essentielle, le Frère Directeur fait souvent lui-même, ou fait faire par les plus avancés la méditation à haute voix. C'est là que Lucien, bientôt mis au courant, se distingua par une abondance de pensées et une vivacité de sentiments dont tous ses compagnons disent avoir été profondément touchés. Mais la méditation intime lui plaisait beaucoup plus encore, car elle lui permettait d'avoir avec Dieu ces pieux entretiens qui apportaient déjà tant de délices à son âme lorsqu'il était dans le monde.

Nous ne parlerons pas de la dévotion qu'il inspira à tous en assistant au saint Sacrifice de la Messe, parce que l'on connaît déjà la prédilection singulière de cet enfant pour ce grand acte de notre religion. Nous dirons seulement que la piété envers la Très sainte Vierge remplissait de plus en plus son cœur. Le soir, non content de réciter amoureusement avec les autres la prière par laquelle les petits Novices recommandent leur nuit à la T. Ste Vierge, Lucien avait soin, étant au lit, de se tourner vers la statue de N.-D. des Douleurs, qui orne le dortoir ; « car il fait bon, disait-il, de s'endormir en regardant sa bonne Mère. »

Le nouveau petit novice se livra à l'étude avec courage. On peut se demander quels moyens d'émulation sont employés au Petit Noviciat pour tenir les enfants en haleine. Point d'autres que des notes hebdomadaires ou mensuelles, sanctionnées par l'approbation ou le blâme des supérieurs. Parfois aussi on distribue quelques images de piété. Mais si les stimulants de l'ordre naturel sont ainsi très réduits, on y supplée largement par d'autres de l'ordre surnaturel. On s'efforce de rendre vivant en ces enfants le sentiment religieux qui montre, dans le fidèle accomplissement du devoir en vue de Dieu, un titre certain aux faveurs célestes, et, dans la négligence de ce même devoir, une source de misères pour cette vie et pour l'autre. C'est l'esprit de foi que l'on inocule ainsi peu à peu dans ces âmes encore neuves, afin de les préserver de l'envahissement du sens humain dépravé par la chute originelle.

Lucien se trouva d'emblée à la hauteur de ce genre d'émulation, comme le prouve sa seconde lettre, écrite moins d'un mois après son arrivée à Saint-Claude. Conformément à la place que chaque chose occupe dans son esprit et dans son cœur, il a bien soin de ne parler du succès de son premier examen, qu'après avoir énuméré les principaux avantages surnaturels qu'il trouve au Petit Noviciat : « Chers parents, dit-il, je ne puis que continuer à vous remercier de tout mon cœur de m'avoir laissé venir dans cette sainte maison, où je suis heureux et tranquille, loin du monde, de ses scandales, de ses dangers, et où j'ai tant de moyens à ma disposition pour m'aider à faire mon salut.

« Nous avons passé nos examens vendredi et samedi, et j'ai attendu qu'on nommât les places pour vous répondre. Nous sommes en tout quarante, répartis en deux classes ; je suis dans la seconde. J'ai été content : nous sommes dix-neuf, et je suis le sixième. »

Nous mentionnons à part le soin qu'il donna à l'étude du catéchisme. Jusqu'ici il avait cultivé la science religieuse pour satisfaire sa dévotion et pourvoir à ses besoins personnels ; maintenant, tout en y trouvant la même onction qu'autrefois, et le même profit pour son âme, il approfondira notre sainte religion, afin de se mettre en état de l'enseigner efficacement aux autres, ainsi que tout disciple du Vénérable de la Salle a mission de le faire.

Aussi, réussit-il toujours parfaitement dans cette étude, et il était très rare qu'à la récitation il n'obtînt pas la note maximum.

Lucien se fit remarquer par sa fidélité à tous les points du règlement ; et ainsi il fut un sujet d'édification aussi bien en récréation et au réfectoire, qu'à l'église et à la classe. Les exercices du corps sont nécessaires aux enfants, et ils leur sont accordés au Petit Noviciat dans une sage mesure. Pour ce motif, en dehors des récréations journalières, on leur fait parcourir les campagnes, traverser les forêts, gravir les montagnes, au moins une après-midi de chaque semaine ; et, si le jardin et la propriété du Noviciat présentent une occupation qui soit à leur portée, on ne manque pas de la leur réserver. « J'ai bien travaillé ; je m'en suis bien donné », disait Lucien, en racontant à ses parents une de ces joyeuses corvées.

Le nouveau petit novice, au réfectoire, édifia également tout le monde par une grande modestie et retenue, fruits de sa bonne éducation. Après avoir pris les aliments qui lui étaient nécessaires, il pliait sa serviette avec goût, joignait les mains sur les bords de la table ; puis, les yeux baissés, écoutait attentivement la lecture. Son exactitude à dire les grâces dans la famille nous dispense de mentionner qu'il les récitait avec une piété exemplaire au Petit Noviciat.

Lucien passa ses deux premiers mois de Petit Noviciat au milieu de a plus pure félicité. Il paraît que sa joie devint s i expansive, surtout en récréation, qu'elle gagna tout son entourage. Elle arriva même au point de l'obliger à faire de violents efforts, pour conserver dans les exercices ordinaires la gravité convenable. Il réussit toujours à se contenir suffisamment pour n'avoir jamais besoin d'être repris, mais pas assez pour dissimuler la contrainte qu'il s'imposait afin de demeurer sérieux.

A la fin de décembre 1878, nous le voyons déverser dans le cœur de ses parents la surabondance de son bonheur : « Bien chers Parents, écrit-il, à l'approche de la nouvelle année, je sens le besoin d'épancher mon cœur dans le vôtre, afin de vous faire part des sentiments de reconnaissance et d'amour dont je suis animé pour vous. Mais ma plume ne me permet pas d'exprimer convenablement ces sentiments ; ce qu'elle me permet de vous dire n'est rien, en comparaison de ce que j'éprouve.

« Non, jamais le premier de l'an n'a rempli mon cœur d'une joie aussi douce que celle dont je suis enivré en ce moment. Et pourquoi cette joie ? Parce que je suis petit novice, c'est-à-dire enfant privilégié du bon Dieu.

« Bien souvent, mes chers parents, vous m'avez dit que si je suis heureux, vous le serez aussi. Or, en ce jour je suis heureux, et mille fois plus heureux que si j'étais dans le monde. Mais ce bonheur à qui le dois-je ? Ah ! je le sais, après Dieu, c'est à vous, chers parents, qui avez non seulement consenti à me laisser embrasser la vie religieuse, mais qui avez encore favorisé cette belle vocation par les bons principes que vous m'avez donnés.

« Que puis-je donc vous rendre pour un tel bienfait ? Tous les jours de ma vie, et particulièrement aujourd'hui, j'offrirai au bon Dieu les prières les plus ferventes, et les vœux les plus sincères, afin que vous soyez toujours heureux, contents et entourés de la protection divine. »

CHAPITRE VIII.

Lucien reçoit la visite de sa mère. — Une scène de larmes. — Mme Jouans s'en retourne consolée. — Une lettre de Lucien. — Mort de sa mère. — L'enfant admirable de courage e de foi, au milieu de sa famille éplorée. — On lui propose de rester à Ruffey. — Retour de Lucien au Petit Noviciat.

Mme Jouans ne croyait qu'imparfaitement au bonheur de son fils, malgré tout ce que Lucien lui écrivait. Aussi, rien ne pouvait la consoler, et elle ne passait pas de jour sans verser des larmes. Pourtant le ton de conviction qui caractérisait tout spécialement la lettre du premier de l'an, finit par l'ébranler. Ne pouvant se persuader que celui qu'elle avait connu toujours si franc, si ouvert, lui exprimât tant de joie et de satisfaction, sans que, en réalité, il éprouvât ces sentiments, elle résolut d'aller à Besançon constater par elle-même ce qu'il en était.

Mme Jouans, accompagnée de son beau-frère, M. Ramey, que Lucien affectionnait particulièrement, arriva donc à Saint-Claude vers le milieu de janvier 1879. A la vue de son enfant, la pauvre mère, cédant à son excessive tendresse, se précipita vers lui et l'étreignit dans ses bras. Elle l'inonda de ses larmes, et ne put d'abord proférer une seule parole. « Tu nous as abandonnés, » lui dit-elle enfin ; « tu ne nous aimes donc plus ? » Et aussitôt elle recommença ses embrassements et ses pleurs. Il y avait de quoi fendre le cœur le plus insensible. Lucien, que cette scène faisait souffrir, ne faiblit pas un instant. Avec une gaieté douce et communicative, il répondait à sa mère en pleurs : « Eh bien ! vous disiez qu'on ne se reverrait plus ; vous voyez bien qu'on se revoit et qu'on peut encore s'embrasser. » Et, tout en se prêtant à ses caresses, il lui développait les causes du bonheur qu'il goûtait au Petit Noviciat.

La pauvre mère ne pouvait en croire ni ses yeux, ni ses oreilles. Elle qui avait pensé que son cher enfant était malheureux et perdu pour jamais, voilà qu'elle le retrouve plein de joie, de santé et d'affection. Que dis-je ? Il lui semble encore plus tendre et plus empressé qu'avant d'avoir quitté sa famille.

Au moment du repas surtout, elle ne pouvait revenir de sa surprise en voyant Lucien tout occupé de prévenir ses moindres désirs. L'enfant se faisant l'interprète des sentiments de ses supérieurs lui disait : « Mangez bien, buvez bien ; nous sommes chez nous ! » Et alors il racontait à sa mère tous les soins dont un Petit Novice est l'objet ; il lui exposait naïvement que sa condition actuelle au point de vue même temporel, était bien plus avantageuse que celle qu'il avait quittée. « Je suis mieux nourri, mieux logé ; et combien nos fêtes à la chapelle me rendent heureux ! » Enfin, à l'entendre, il était dans un véritable paradis de délices, où tout ce que l'on peut rencontrer de beau et de bon ailleurs se trouvait réuni, ou largement compensé.

On conçoit quel baume de semblables paroles durent répandre dans le cœur de cette tendre mère, dont la peine principale était la pensée des souffrances qu'elle croyait endurées par son cher Lucien. L'enfant comprit si bien ce qui était capable de la rassurer, il sut le faire ressortir avec tant de force et d'à-propos, pendant les deux jours que sa mère put passer à Saint-Claude, que, au moment de la séparation, elle l'embrassa et lui dit adieu sans verser une seule larme ; ce qui surprit grandement ceux qui en furent témoins, après avoir assisté à la scène de l'arrivée.

Mᵐᵉ Jouans revint à Ruffey tranquillisée ; son mari fut consolé et une joie paisible fit place au deuil qui attristait depuis deux mois le foyer domestique. Quant à Lucien, il remercia Dieu avec effusion. C'était pour son cœur un soulagement immense ; car, sans le laisser voir, il avait beaucoup souffert de l'affliction de sa mère.

Peu de temps après cet heureux événement, Lucien écrivit à Ruffey : « Chers parents, je vous adresse ces quelques lignes afin de vous donner de mes nouvelles, quoique vous ne soyez pas en peine de moi maintenant, car il n'y a pas longtemps que maman m'a vu.

« Voici les grands travaux qui vont venir ; vous allez avoir beaucoup de peine. Je pense à vous tous les jours, surtout lorsque je suis à la chapelle, aux pieds de Notre-Seigneur. Je le prie de vous aider à accepter vos fatigues, de vous rendre toujours heureux, et de faire en sorte que mon séjour ici soit pour vous le sujet d'abondantes consolations.

« Laissez-moi vous redire, mes chers parents, que je suis toujours bien content au Petit Noviciat, dans une si belle vocation où tant de moyens sont à ma disposition pour m'aider à faire mon salut. Je tâche de travailler de toutes mes forces à ma formation religieuse et à mon instruction.

« Je supplie maman de se rappeler constamment si elle m'a trouvé heureux à Saint-Claude-lès-Besançon. »

Au mois de février un ouragan s'abattit sur Ruffey et sur les pays environnants. Des dégâts considérables en furent la suite. Lucien écrivit le 13 mars, à sa famille, la lettre suivante :

« Mes chers parents, votre lettre m'a causé un peu de peine, à la pensée du dommage que vous a fait éprouver l'orage ; mais il faut, vous le pensez bien, recevoir cela comme une épreuve que le bon Dieu envoie, et l'accepter avec résignation. J'ai été beaucoup frappé en voyant l'état de la famille X***.

« Pour l'orage, il n'a pas fait de mal ici ; mais le tonnerre a grondé ; on a vu quelques éclairs, et le vent était d'une force extrême. C'était à la même heure que chez vous.

« Je me porte bien, et je suis toujours content d'être au Petit Noviciat. Je pense à vous surtout dans mes communions qui sont si fréquentes, comme dans mes visites au très Saint-Sacrement, et pendant la sainte Messe. Je prie de tout mon cœur le divin Sauveur afin qu'il vous bénisse dans tous vos travaux.

« J'invoque aussi chaque jour le grand saint Joseph, auquel ce mois est consacré, afin qu'il fasse venir des ouvriers à la vigne du Seigneur, et qu'il inspire à quelques-uns de mes anciens camarades la pensée d'entrer dans l'Institut des Frères des Écoles chrétiennes. Oh ! la belle vocation ! »

Mᵐᵉ Jouans lut avec son empressement ordinaire cette lettre affectueuse de Lucien. Elle ne se doutait pas qu'elle recevait de ses nouvelles pour la dernière fois.

Le jeudi 27 mars, en effet, s'étant rendue avec sa fille et son gendre à environ deux kilomètres du village, afin d'y travailler la vigne, elle se sentit tout à coup faiblir. Ses enfants, qui s'entendent appeler par elle, s'empressent d'accourir. Ils la font asseoir, et lui prodiguent toutes sortes de soins. Mais rien n'était capable d'arrêter le mal foudroyant qui la frappait. Avant même qu'on ait eu le temps de faire venir qui que ce fût, elle avait rendu le dernier soupir.

M. Jouans, qui travaillait à environ une lieue de là, fut aussitôt averti. Quelle ne fut pas sa consternation, quand il trouva sans vie et déjà glacée sa femme qu'il avait quittée bien portante une heure auparavant! La foi, heureusement, le soutint, et l'aida à courber la tête avec résignation sous le terrible coup dont Dieu le frappait. Mais qu'il faisait pitié à voir derrière le triste convoi qui transportait le corps de la défunte à son domicile!

Les parents éloignés durent être prévenus sans retard, afin qu'il leur fût possible d'assister à l'enterrement; et tout d'abord, on songea à Lucien, vers qui s'était instinctivement portée la pensée de plusieurs, dès qu'ils apprirent le funeste accident. « Pauvre enfant, disait-on, peut-être qu'à Besançon il ne songe qu'à rire, pendant qu'il a ici tant sujet de pleurer! Quel coup, lorsqu'on lui apprendra qu'il n'a plus de mère! » C'était une mission bien délicate, que celle de lui annoncer une si fâcheuse nouvelle. On en chargea ce même oncle qui, deux mois plus tôt, avait accompagné Mme Jouans à Besançon. Il avait aidé à consoler la mère de l'éloignement du fils, il devait maintenant entreprendre de consoler le fils de la perte de sa mère.

4.

M. Ramey partit le vendredi de grand matin et arriva vers dix heures au Noviciat, avec le Frère Directeur de Poligny qu'il avait rencontré en route. Le Frère Directeur lui servit d'introducteur, et annonça le premier, dans la maison, le grand malheur qui venait de frapper la famille Jouans. Le Directeur de Lucien l'appela aussitôt et le prépara à la visite de son oncle. M. Ramey, à son tour, ne parla encore à l'enfant que d'une maladie très grave qui nécessitait sa présence à Ruffey. Lucien écouta tout avec son calme habituel, adressa quelques questions pour s'informer de la nature du mal ; puis, avec l'autorisation de ses supérieurs, fit ses préparatifs de départ.

Pendant le dîner qu'il prit en compagnie de son oncle, il parla très peu ; on voyait peinte sur son visage la tristesse que lui causait l'état supposé de sa mère.

Enfin, vers une heure après-midi, il prit congé de ses professeurs, dit au revoir à ses condisciples ; et, après avoir embrassé son Directeur, se dirigea vers la gare. Quelques instants avant d'y arriver, M. Ramey voyant le moment favorable, lui dit ouvertement que sa mère était morte. « A-t-elle pu se confesser ? » demanda-t-il aussitôt. Le bon oncle hésita un instant, sachant bien que c'était pour Lucien l'affaire capitale. « Non, dit-il enfin, mais elle avait communié huit jours avant pour la fête de saint Joseph. »

« Si elle a communié pour la Saint-Joseph, je suis tranquille, reprit Lucien ; car j'avais justement demandé à ce grand Saint, le jour de sa fête, la grâce d'une bonne mort pour tous mes parents. »

On comprendra sans peine combien il dut être affligé ; néanmoins il ne perdit pas un instant sa présence d'esprit. Il ne laissa pas non plus faiblir le moins du monde sa courageuse résolution de demeurer toujours fidèle à sa vocation ; car M. Ramey lui ayant dit, un moment après, qu'il doutait que son père voulût le laisser revenir : « Certainement, je veux revenir, reprit-il vivement. Oh ! nous verrons bien cela ! »

Le voyage fut profondément triste. L'oncle expliqua les circonstances du terrible événement, et Lucien en gravait chaque trait dans son cœur. Un enfant les attendait avec une voiture à la gare de Domblans. C'était le petit garçon auquel Lucien, ainsi que nous l'avons vu, aimait tant autrefois à se confier, et qui lui était demeuré vivement attaché. Cette marque d'amitié toucha profondément le petit Novice. On prit aussitôt le chemin de Ruffey, et l'horloge sonnait huit heures, quand tous les trois arrivèrent à la maison mortuaire. La vue du pauvre orphelin ramena des larmes dans tous les yeux, et lui-même, ému jusqu'au fond du cœur, se jeta en pleurant dans les bras de son père, de sa sœur et de son beau-frère, tous plus éplorés les uns que les autres. Selon une coutume bien louable du pays, les amis de la famille étaient alors réunis dans la chambre mortuaire. Quoique attendue, l'entrée de Lucien, que son père, conduisait de la main par excita chez tous un frémissement de compassion.

Chacun aurait voulu l'embrasser et le plaindre ; mais lui va droit à sa mère, l'embrasse avec effusion, et s'agenouille pour prier. L'émotion alors augmente parmi les assistants, et on entend des sanglots. Tout le monde d'ailleurs s'empresse d'unir ses prières à celles de l'enfant. La prière du soir auprès de la morte termina cette douloureuse veillée ; et les étrangers s'étant peu à peu retirés, à l'exception de ceux qui devaient passer la nuit, la famille sortit à son tour pour essayer de prendre un peu de repos. Lucien ne voulut pas quitter ses parents sans les avoir consolés de l'impossibilité où ils s'étaient trouvés de procurer les derniers sacrements à la mourante, ne doutant pas que ce ne fût pour eux comme pour lui, le plus grand sujet d'affliction. Il sut donc si bien rapprocher la bonté de Dieu et sa miséricorde de la vie édifiante et vraiment chrétienne de la chère défunte, il montra si vivement que saint Joseph, patron de la bonne mort, n'avait pas pu laisser mourir en mauvais état celle qui lui avait donné une marque si particulière de sa dévotion en communiant le jour de sa fête, que tous se sentirent puissamment rassurés, lorsqu'ils se séparèrent les uns des autres.

Le lendemain, samedi, était le jour fixé pour les funérailles. Presque toute la paroisse de Ruffey, qu'une mort si prompte avait consternée, voulut y assister, afin de donner à la famille désolée un témoignage sensible de compassion pour son malheur et d'estime pour la défunte.

Il était huit heures du matin, quand le cortège funèbre se mit en marche vers l'église. Rarement on vit plus de tristesse peinte sur les visages, et plus de résignation dans ceux qui se trouvaient le plus directement atteints.

C'est toujours un moment solennel que celui où un cercueil franchissant le seuil du domicile mortuaire, chacun peut se dire que la personne qui est là renfermée ne rentrera plus dans sa demeure. Mais quand c'est un époux, quand ce sont des enfants qui doivent penser ainsi de celle qu'ils ont tant aimée, de celle qui faisait tout le bonheur de leur vie, qui se dépensait nuit et jour pour eux, le saisissement devient inexprimable. Lucien surtout, pour qui les joies de l'enfance étaient encore si présentes, et qui savait combien cette mère l'avait tendrement chéri, ne put manquer de sentir toute l'amertume de ces douloureux rapprochements. Son affliction pourtant était silencieuse ; elle ne se trahissait que par des larmes brûlantes qui s'échappaient de ses paupières. Mais on ne pouvait le contempler, marchant immédiatement après le corps, en compagnie de son père et de son beau-frère, sans être touché d'une vive compassion. Son costume de petit Novice, tout en attirant les regards, semblait encore mieux faire ressortir l'étendue de son chagrin. Oh ! comme il dut prier pendant la messe pour le repos de l'âme de sa mère ! Avec quelle instance il dut supplier son bon et très miséricordieux Sauveur de lui appliquer pleinement les fruits de la grande immolation du Calvaire ; et Marie, sa tendre Mère du ciel, de s'employer au soulagement de celle qui lui avait si bien appris à la vénérer et à la chérir !

Le saint Sacrifice terminé et l'absoute prononcée, tout le cortège se mit en marche vers le cimetière, situé à environ un kilomètre de l'église. Lucien se sentit défaillir au moment où le cercueil étant descendu dans la fosse profonde, il entendit le bruit de la première pelletée de terre jetée dessus ; et c'est à peine s'il put une dernière fois répandre l'eau bénite sur les restes de celle qu'il n'espérait plus revoir qu'au ciel.

Une pensée cependant vint fortifier son âme : Dieu le veut ainsi ; et il est le maître. Et ce ne fut pas seulement pour lui-même qu'il s'en servit, mais il l'employa encore pour soutenir le courage de son père, de sa sœur, au moment où le cœur tout meurtri, ils rentrèrent dans leur habitation, devenue pour eux comme un désert.

Pour combler un peu le vide immense laissé

par la mère, et pour adoucir l'amertume des premiers moments de deuil, Lucien consentit à demeurer quelques jours encore avec ses parents. C'est alors que M. Jouans crut devoir soumettre à une dernière épreuve l'attachement de son fils pour sa vocation. Il lui laissa donc entendre que son retour au Noviciat était impossible, que la mort de la mère rendait sa présence indispensable dans la famille.

Comme s'il avait deviné le but de cette proposition, le courageux enfant parut n'y attacher aucune importance. Il se contenta de déclarer sa volonté bien arrêtée de rentrer à Saint-Claude, le plus tôt possible. Bien plus, il voulut profiter de son séjour à Ruffey pour faire des prosélytes à la vie religieuse. Non content, en effet, d'en donner une haute idée par sa modestie, sa piété, et son exactitude à assister tous les jours à la sainte messe, il employa la plus grande partie de son temps à inspirer à l'enfant qui avait été son ami et son confident intime la résolution de le suivre.

Tous ceux qui le connaissaient voulurent le voir, lui parler, surtout l'entendre raconter le bonheur dont il jouissait au Petit Noviciat. Quoiqu'il n'y fût que depuis cinq mois à peine, il s'y était si vivement attaché, qu'il lui appliquait exclusivement l'expression « chez nous », si familière aux enfants pour désigner le foyer paternel. Quelques-uns même furent choqués de cette prédilection que d'autres admirèrent ; mais tous furent charmés des excellentes dispositions de son âme. M. le Curé surtout fut heureux de constater que son ancien servant de messe n'avait cessé de faire des progrès dans la piété et la vertu.

Le moment étant enfin arrivé de repartir pour son cher Noviciat, Lucien dit adieu à son père toujours désolé, et fut conduit à Lons-le-Saunier avec sa sœur et son beau-frère, par ce cher ami qui était venu le chercher, et qui avait tenu à honneur de lui donner cette marque de pieux attachement. C'était le 4 avril.

Cinq jours après sa rentrée à Saint-Claude, Lucien racontait ainsi les particularités de son voyage, et ses impressions de retour :

« Chers parents, je ne puis m'expliquer le retard que j'ai mis à vous écrire pour vous tirer d'inquiétude au sujet de mon retour. J'avoue que j'ai été bien négligent et je vous en demande pardon.

« Mes confrères et mes supérieurs m'attendaient chaque jour, et ils ont été bien contents de me revoir. J'espère vous faire éprouver la même consolation que j'ai éprouvée moi-même, en apprenant que tous les petits novices, sur l'invitation du cher Frère Directeur, ont fait la sainte communion dimanche dernier, 30 mars, pour le repos de l'âme de maman, et qu'ils ont récité le chapelet à la même intention. J'en ai remercié le cher Frère Directeur pour vous.

« Maintenant surtout, chers parents, je supplierai le divin Sauveur de vous bénir dans vos travaux, de vous consoler dans vos peines, et de délivrer ma bonne maman des flammes du purgatoire, si toutefois elle y est encore. »

CHAPITRE IX.

Lucien reçoit le sacrement de confirmation. — Ardents désirs de Lucien de porter le saint habit. — — Ses espérances ajournées. — Grand esprit de foi du pieux jeune homme.

Le reste de l'année 1879 se passa pour Lucien dans le travail et dans la pratique des vertus. Toujours sous l'impression de la mort de sa mère, le pieux jeune homme écrivit au mois de juin à sa famille ces lignes où respire un calme que la foi seule peut donner : « Je sais, chers parents, que nous ne pouvons pas être gais après une si grande épreuve : cependant il faut nous soumettre aux décrets de Dieu, qui sont impénétrables. Comme le saint homme Job, et comme Tobie, nous étions heureux, tranquilles et agréables aux yeux de Dieu ; et, par conséquent, il a été nécessaire que nous fussions éprouvés, car cette terre est un lieu d'exil et de pèlerinage. Mais, après que ces deux serviteurs de Dieu eurent été bien éprouvés, le Seigneur les combla de ses bienfaits spirituels et temporels ; il faut espérer qu'il fera la même chose pour vous, et c'est ce que je demande à Dieu, pendant ce beau mois consacré au sacré Cœur. »

Le 4 juillet, Lucien eut la consolation de recevoir le sacrement de Confirmation. Il s'y était préparé avec la ferveur qu'il apportait à tous ses actes religieux. Nul doute que le sacrement qui arme les soldats du Christ n'ait opéré en lui des effets abondants. La cérémonie eut lieu dans la chapelle du Noviciat, et ce fut Mgr Paulinier qui l'accomplit.

Un peu plus de deux mois après, Lucien reçut une visite qui le remplit de joie. C'était vers fin de septembre. M. le Curé de Ruffey vint le voir. Lucien fut si touché de cette marque d'intérêt de l'ancien directeur de son âme, que, non content de lui exprimer par lui-même toute sa reconnaissance, il pria instamment ses parents, en leur écrivant quelques jours plus tard, de le remercier pour lui.

Ce qui mit le comble à la joie de notre pieux jeune homme, c'est que M. le Curé ne vint pas seul. Il amenait avec lui l'ami de Lucien dont il a déjà été question plusieurs fois, et qui, se croyant appelé à la vie religieuse, dans l'Institut des Frères des Écoles chrétiennes, rejoignait au Petit Noviciat le jeune Jouans.

Cependant Lucien soupirait après le moment où il lui serait donné d'être admis au Grand Noviciat. Dès le mois d'octobre de cette même année 1879, il voulut, quoique n'ayant encore que quatorze ans, se joindre à ses condisciples qui se trouvaient dans les conditions d'âge requises, pour solliciter la faveur d'y entrer. Il adressa pour cette fin la supplique suivante au cher Frère Visiteur :

« Mon très Cher Frère Visiteur,

« Au moment où va s'effectuer le passage du Petit Noviciat au Grand, je ne puis m'empêcher de vous témoigner le désir que j'ai d'être du nombre des Petits Novices qui vont commencer leur carrière religieuse proprement dite.

« A l'exemple de quelques Frères pieux et zélés qui viennent parfois nous visiter, et nous racontent qu'ils sont entrés dans l'Institut, et ont revêtu le saint habit religieux dès l'âge de treize ou quatorze ans, et qui, à quinze ans étaient employés dans une classe, moi, plein d'admiration pour eux, je me sens aussi porté au zèle, et tout désireux de pouvoir vite prendre l'habit, afin de faire entendre la parole de Jésus-Christ à ses chères brebis.

« Je désirerais aussi passer au Grand Noviciat pour le plaisir de porter l'habit religieux. Chez nous, lorsque je servais la sainte Messe, j'éprouvais un plaisir sensible de me voir revêtu de ma soutane. Donc, si la sainte obéissance m'appelle, au Grand Noviciat, j'y passerai de grand cœur.

« Je suis, mon très cher Frère Visiteur, votre très humble et très obéissant serviteur

« LUCIEN. »

On n'exauça pas sa demande, et il n'en fut point surpris. Seulement, il espérait avoir préparé et presque assuré son admission pour l'année suivante. Aussi, pendant toute l'année scolaire 1879-1880, un de ses sujets d'entretiens les plus fréquents était la prochaine entrée au Grand Noviciat. Il lui arrivait parfois de supputer le temps qui le séparait encore du moment désiré, et alors il s'écriait : « Mon Dieu ! qu'il y a encore longtemps, avant de porter le saint habit ! » Dans ses méditations à haute voix, il aimait à faire ressortir l'obligation de bien profiter du temps du Petit Noviciat, pour se préparer à la vie religieuse, et à la belle mission d'instituteur chrétien de la jeunesse.

Cependant il vint à ses oreilles que, de plus en plus, les supérieurs tenaient à n'admettre au Grand Noviciat qu'après seize ans accomplis. Il en fut grandement inquiété. « Vous êtes heureux, vous autres, disait-il à ses condisciples plus âgés ; on vous a promis que vous passeriez au Grand Noviciat cette année ; et moi, il faudra peut-être que j'attende jusqu'à l'année pro-chaine ! »

Quand il apprenait qu'un de ses anciens com-pagnons allait entrer en exercice ; « En voilà un, disait-il, qui a été au Petit Noviciat avec moi ; il va instruire les enfants, et moi j'ai peut-être encore un an avant de prendre l'habit ! »

« Oh ! qu'il me tarde d'être au Grand Noviciat, disait-il encore avec le B. Berchmans, car j'es-père y vivre comme les saints. Comment, en effet, ne pas être saint au Noviciat, si on ne né-glige rien d'une règle aussi sainte ? »

Vint enfin le mois de septembre 1880, où la question devait être tranchée. Lucien renouvela sa demande, qui ne fut pas plus exaucée que l'année précédente. On conçoit combien il dut en être peiné. Il ne fit pourtant rien paraître, et à ceux qui lui en parlaient, il répondait avec calme : « Il ne s'agit pas seulement de passer au Grand Noviciat : il en faut bien profiter ; c'est pourquoi il vaut mieux rester encore un an au Petit Noviciat, afin de se mieux préparer à bien faire le Grand, et devenir un bon religieux. » Pourtant une crainte lui restait au cœur, « c'était, disait-il, de mourir sans être revêtu de l'habit religieux.

« Je suis bien content d'être au Petit Noviciat, disait-il encore, mais je voudrais avoir la robe de Frère. »

Il soupirait aussi après ses dix-huit ans, âge

requis dans l'Institut des Frères pour émettre
les premiers vœux de religion ; « car, disait-il
avec raison, tant qu'on n'a pas fait de vœux,
on n'est pas religieux. »

Les années 1879 et 1880 furent d'ailleurs marquées pour Lucien par de grands progrès dans
la vertu. Préoccupé vivement de sa sanctification, le pieux jeune homme, à la fin des vacances
de 1879 avait écrit ces lignes à ses parents :
« Les cours vont recommencer cette semaine au
nouveau local du Petit Noviciat ; je vais travailler avec une nouvelle ardeur pour avancer
en perfection et en science, afin d'attirer les bénédictions de Dieu sur vous. »

Nous allons essayer de donner le résultat des
efforts que le généreux petit Novice s'était
ainsi proposé de faire, en retraçant sa foi, sa
piété, sa charité pour le prochain, son humilité,
son obéissance, sa mortification, son application
à l'étude, durant les deux dernières années
qu'il passa sur la terre.

La foi est la base de la vie chrétienne ; sans elle
il n'y a rien de surnaturel en nos actes, rien qui
mérite les récompenses éternelles. Lucien possédait cette vertu à un haut degré. Le baptême
en avait jeté la précieuse semence dans son
cœur ; l'atmosphère religieuse de sa famille fit
pousser à cette plante divine des jets vigoureux
et de profondes racines ; l'instruction religieuse, la
prière et les sacrements vinrent à leur tour

exercer sur elle leur salutaire influence, bientôt
rendue plus puissante encore par la vie éminem-
ment pieuse du Petit Noviciat. Dans cet asile
béni, en effet, ont mûri en abondance les fruits
de foi qu'on avait vus, boutons pleins d'espérance, avant la première communion de ce cher
enfant, et fleurs riches de parfum et de beauté,
après l'accomplissement de ce grand acte. A
l'époque où nous nous trouvons, la foi a tout
envahi en Lucien ; et la nature paraît ne plus
avoir d'empire sur son âme.

Si Lucien prie, travaille, obéit ; s'il s'abaisse,
se mortifie et s'empresse de rendre service, il ne
pense pas un instant à s'attirer par là l'estime
et l'affection des personnes qui l'entourent ; il
remplit son devoir, sans paraître s'occuper de
l'attention qu'on a ou non à ce qu'il fait. Il agit
uniquement en vue d'éviter le péché, de plaire à
Dieu, et d'acquérir des mérites pour le ciel.

D'ailleurs écoutons-le lui-même se parlant,
dans son agenda spirituel, en dehors de toute
influence humaine et sous le regard de Dieu
seul : « Je veux agir sans respect humain et
sans hypocrisie. Le respect humain me ferait
manquer les occasions de correspondre à la grâce ;
et l'hypocrisie en me faisant perdre le mérite de
mes actions, me rendrait abominable aux yeux
de Dieu qui voit tout. » Ses condisciples ont rendu
unanimement de lui ce témoignage : « Il remplissait son devoir sans paraître s'occuper jamais

de l'attention qu'on avait ou non à ce qu'il faisait. »

Lucien poursuit dans son agenda : « J'ai pris la résolution de demander des pénitences et des humiliations ; or, les meilleures ne sont-elles pas celles que le bon Dieu m'envoie pour punir mes fautes ? Au moins, je ne serai pas porté à m'enorgueillir, comme cela pourrait arriver si je les demandais moi-même. »

Toujours préoccupé de Dieu, de la vertu, des intérêts éternels, voici les faveurs qu'il se propose d'obtenir de la très sainte Vierge pendant le mois de mai 1880 :

« O Marie, je vous demande pendant ce beau mois :

« 1° Pour moi, la persévérance finale, les vertus d'humilité, d'esprit de foi, de patience, de zèle pour ce qui est du service de Dieu et mon salut, ainsi qu'un grand amour pour Notre-Seigneur, pour son sacré Cœur et pour vous.

« 2° Pour mes parents, mes oncles et mes tantes, l'esprit d'union et de concorde, la grâce d'une bonne mort faite après avoir été munis des sacrements ; la grâce qu'ils soient toujours fidèles aux prières du matin et du soir et qu'ils s'approchent plus souvent de la sainte Table ; les biens temporels, en tant qu'ils pourront servir à leur salut ; enfin, pour maman, le repos de son âme.

« 3° Pour l'Institut, les grâces nécessaires

au T. H. Frère Supérieur général, aux Frères assistants, ainsi qu'au F. R*** et aux Frères Directeurs de Saint-Claude, au moins dix postulants soit pour le Petit Noviciat, soit pour le Grand ; je vous recommande spécialement G*** et C***.

« Je vous recommande, ô bonne Mère, la sainte Église, notre Saint Père le Pape Léon XIII, la France, notre diocèse, MM. les curés de Saint-Claude et de Ruffey, M l'aumônier, la première communion de Ruffey, et je sollicite de vous beaucoup d'autres grâces encore que je ne mentionne pas ici, parce qu'elles sont moins importantes. »

On le voit, les biens temporels ne sont mentionnés dans cette note qu'une seule fois en faveur de ses parents, et encore, « en tant qu'ils pourront servir à leur salut. »

Cet oubli des choses terrestres, qui n'ont évidemment à ses yeux qu'une importance secondaire, et cette sollicitude ardente pour ce qui concerne l'autre vie, formaient de plus en plus le caractère distinctif des lettres de Lucien. Ayant appris de son père que plusieurs personnes de la localité dont la vie avait paru peu chrétienne étaient mortes subitement, il répondit : « Comme vous, chers parents, je suis frappé de la fréquence des morts subites dans notre pays. Hélas ! pourvu que les pauvres victimes aient été trouvées prêtes ! Leur vie n'a pas été bien bonne ; cependant que Dieu leur fasse miséricorde ! Nous ne savons pas non plus de quelle mort nous mourrons, chers parents ; nous devons donc toujours nous tenir prêts, et avoir en vue, avant toute chose, d'opérer notre salut, d'être fidèles à Dieu, afin de pouvoir être trouvés justes au moment de notre mort. »

Lucien mettait exactement en pratique le précepte de saint Paul : « Soit que vous mangiez, soit que vous buviez, ou quelque autre chose que vous fassiez, faites tout pour la gloire de Dieu (1) », car, disent ses condisciples, il avait l'habitude d'offrir ses actions à Dieu, avant de les commencer ; et, quand il était président de récréation, il demandait souvent à ceux de son groupe : « Qui a offert sa récréation au bon Dieu ? » Et si quelqu'un l'ayant oublié, en faisait l'aveu, il l'encourageait en disant : « Vous aurez bientôt l'habitude de le faire ; alors vous ne l'oublierez plus. » Et il ajoutait : « L'offrande que l'on fait de ses actions est d'un grand secours ; quand on se rappelle celui à qui on l'a offerte, on ne peut manquer de la bien faire. »

La pensée que Dieu a l'œil constamment ouvert sur nous, pour apprécier nos bonnes et nos mauvaises actions, ne quittait pas son esprit. « En l'absence de ses supérieurs, comme en leur présence, il était toujours à son devoir. » C'est ce que nous lisons dans la plupart des notes

(1) I. Cor. x, 31.

qui ont été écrites sur le pieux jeune homme. « M'étant un jour dissipé en l'absence du surveillant, dit un jeune condisciple de Lucien, il traça pour moi ces lignes sur un morceau de papier : « Le bon Dieu vous a vu ; il ne vous en récompensera pas. » Lui-même a écrit dans son agenda : « Je me souviendrai souvent que si mes supérieurs ne me voient point, Dieu et mon bon ange me regardent. Je penserai à la peine que je puis faire à cet adorable maître et à ce fidèle gardien, en manquant à mon devoir, ou au plaisir que je leur procure en agissant selon leurs saintes inspirations. »

Les pensées de Lucien étaient ainsi toujours tournées du côté de Dieu, et il vivait constamment dans le monde surnaturel, envisageant tout ce qui se présentait uniquement au point de vue de la foi. « Un jour de promenade, raconte un de ses amis intimes, regardant ses condisciples qui jouaient aux barres, il me fit cette réflexion : Voilà des saints qui se divertissent ensemble. » « Il plaçait ordinairement un petit christ sur son bureau, pendant la classe, dit un autre, et il m'a assuré que cette image de Jésus-Christ était pour lui un remède contre la dissipation et les autres manquements à ses devoirs de petit Novice. « Comment pourrait-on offenser Dieu, me disait-il quelquefois, en considérant ce qu'il a souffert pour expier nos péchés ? » « J'ai remarqué, ajoute un autre, qu'au moment d'être averti de ses manquements, il regardait toujours le crucifix. »

Non seulement Lucien voyait tout en Dieu, mais, de plus il voyait Dieu en tout ce qui lui arrivait. Ses compagnons le félicitant un jour d'avoir obtenu une des meilleures places aux examens, il répondit : « Dieu l'a voulu ainsi, afin de m'encourager à surmonter mes répugnances, et à redoubler d'efforts pour vaincre les difficultés que je rencontre. Il sait bien jusqu'à quel point je suis faible et facile à décourager. »

« Pour consoler les autres, raconte un petit Novice, il savait leur faire remarquer la sainte volonté de Dieu dans tout ce qui leur arrivait de fâcheux. Ainsi, un jour que je paraissais contrarié d'une indisposition, il me dit : « Voilà comme le bon Dieu vient souvent traverser les idées de l'homme. »

Plusieurs fois en récréation, on l'a entendu dire avec ingénuité : « Quand il m'arrive une petite peine ou quelque tentation, je remercie Dieu de me les avoir données ; j'en fais autant quand il m'arrive de la joie. »

C'est ainsi que la lumière divine de la foi a éclairé toutes ses paroles et tous ses actes ; elle a été le principe de toutes ses vertus, et le mobile de tous ses efforts pour les acquérir. Si la pénitence est le caractère saillant de la vie de saint Louis de Gonzague, et la modestie celui du bienheureux Jean Berchmans, on peut dire

que l'esprit de foi constitue le trait principal de
la physionomie de notre pieux petit Novice.

___

CHAPITRE X.

Piété de Lucien. — Comment elle se manifestait au
dehors. — Sa dévotion envers la divine Eucharistie,
la Mère de Dieu, saint Joseph, le Vénérable de la
Salle. — Lucien comprend que la vie chrétienne est
tout entière dans la lutte contre la nature. — Avec
quelle ardeur généreuse il soutient constamment le
bon combat.

La piété n'est pas autre chose que le goût de
Dieu et des biens surnaturels. Pour ce motif,
elle est la conséquence immédiate de la foi.
Plus la foi est grande, plus la piété est ardente.

« La piété de Lucien, nous dit un témoin
oculaire, se manifestait durant la prière, par sa
modestie et sa bonne tenue qui était invariablement la même : tête droite, yeux baissés, et
mains jointes sur la poitrine. »

« Quand j'arrêtais les yeux sur lui, ajoute un
autre, j'étais porté à mieux faire. » « Où j'ai encore mieux remarqué l'ardeur de Lucien dans
la prière, continue un troisième, c'est quand
son tour venait de faire l'oraison à haute voix.
On voyait que les sentiments qu'il exprimait

venaient du cœur. » Un quatrième va plus loin et dit : « Dans toutes les oraisons à haute voix, il paraissait si embrasé de l'amour de Dieu, que j'étais édifié et touché jusqu'au fond de l'âme. »

Ce goût de Dieu et des choses éternelles n'apparaissait pas en Lucien uniquement dans la prière. Toute sa vie, en quelque sorte, et chacun de ses actes le révélaient. « J'aime bien à sortir, dit-il un jour à un petit Novice ; mais j'aime encore bien mieux rentrer pour prier. » Et cependant, d'après un autre, tout le temps qu'on était en silence hors de la maison, il récitait son chapelet. Un autre petit Novice affirme qu'il « était continuellement recueilli, » et un autre dit que « l'offrande de ses actions et les oraisons jaculatoires étaient devenues pour lui des exercices tout naturels. »

L'objet de prédilection de la piété de Lucien était Jésus-Hostie, présentant à nos adorations son Cœur tout brûlant d'amour pour les hommes, et nourrissant nos âmes par la sainte communion. Au Petit Noviciat nous voyons le Tabernacle régler toute sa vie spirituelle et captiver toutes ses affections. On n'en sera pas surpris en se rappelant ce qu'était pour lui, dans son enfance, le Saint-Sacrement de l'autel, et en pensant à sa fervente préparation à la première communion, aux joies de ce jour tout céleste, à sa fidélité à recevoir le divin Bien-Aimé chaque semaine, à son assiduité à le visiter dans l'église du village, à la faveur dont il crut être favorisé bien des fois de contempler dans l'hostie sainte de l'ostensoir la figure de Jésus couronné d'épines.

Au Petit Noviciat, Lucien ne vivait donc que pour l'Eucharistie. Quelqu'un lui ayant demandé quel était le jour de la semaine où il préférait faire la méditation : « C'est le jeudi, répondit-il, parce que le sujet est ordinairement l'Eucharistie; surtout, j'aime beaucoup à méditer sur l'amour de Notre-Seigneur. » Une autre fois, il se montra très surpris de ce qu'un petit Novice disait n'avoir jamais entendu Jésus-Christ lui parler dans la sainte Communion. « C'est peut-être, lui répondit-il, que vous ne l'écoutez pas assez. »

« Pendant les récréations, disent ses plus intimes compagnons, ses délices étaient de parler du sacré Cœur ; il avait aussi une grande joie quand on lisait quelque livre traitant de cette dévotion. La veille du premier vendredi du mois, il ne manquait jamais de nous faire sentir les puissants motifs que nous avions de nous bien préparer à la sainte communion, qu'on fait ordinairement ce jour-là. Une fois, entre autres, nous fûmes vivement frappés de cette exclamation : « La T. S. Vierge, toute pure, toute sainte et toute parfaite qu'elle est, n'était pas même digne de communier ; comment donc, nous, pécheurs, nous préparons-nous si peu ! » Aucune veille de communion n'était oubliée par lui. Chaque fois il nous rappelait au recueillement, en préparation à la grande action du lendemain ; et il lui arrivait de s'étendre sur l'excellence et les effets de la sainte communion avec un amour si ardent, que, après ces pieux entretiens, nous nous trouvions mieux disposés, et nous aurions pu dire avec les disciples d'Emmaüs : « Ne nous sentions-nous pas le cœur embrasé, pendant qu'il nous parlait (1) ? »

On comprend, après cela, que la privation d'une communion qui lui fut imposée par l'obéissance, soit signalée comme une épreuve des plus dures pour son cœur. « En compensation, raconte le témoin de sa peine et de sa résignation en cette circonstance, il emprunta une Imitation du sacré Cœur que possédait un de ses condisciples, et il fit, pendant le temps consacré à la préparation et à l'action de grâces, une pieuse méditation sur deux chapitres qu'il me dit avoir trouvés parfaitement appropriés à sa situation. » Enfin, tous ceux qui ont pu le voir, attestent que sa tenue, son recueillement, sa manière d'agir à la chapelle disaient bien haut que sa foi lui montrait Jésus présent au T. S.-Sacrement aussi clairement que s'il l'eût aperçu des yeux du corps. Son exactitude à prendre tous les jours quelques minutes sur ses récréations pour aller à l'église visiter son Sauveur bien-aimé, prouve aussi que son cœur était tout entier à la divine Eucharistie.

1. Luc, xxiv. 32.

Après Notre-Seigneur Jésus-Christ résidant dans le Très Saint-Sacrement, c'était Marie, mère de Jésus et la nôtre, que Lucien aimait le plus ardemment.

Combien sa dévotion pour la reine des anges s'était accrue, depuis le temps où il lisait avec bonheur son cher mois de Marie aux petits bergers de Ruffey, où il récitait le chapelet en gardant ses troupeaux, où il assistait le dimanche au Rosaire pour obtenir la grâce de connaître sa vocation ! Il s'adressait à elle avec une confiance touchante et le plus naïf abandon. Nous trouvons ce petit billet signé de lui : « Très sainte Vierge Marie, ma tendre mère, je viens à vous comme un enfant à sa bonne maman, c'est-à-dire avec la confiance que vous me bénirez et que vous m'obtiendrez les grâces que je viens solliciter de votre bonté, quoique je sois bien indigne d'être votre protégé. Pour les obtenir, et pour vous honorer, ô bonne mère, j'irai vous faire chaque jour une petite visite. »

Ayant ainsi l'âme toute remplie d'une tendresse filiale pour la Très Sainte Vierge, Lucien laissait à son insu cet amour transpirer dans ses actes, dans ses paroles. C'est avec une frappante unanimité que ses condisciples du Petit Noviciat relatent dans leurs notes « qu'il aimait beaucoup en récréation à parler de sa *bonne Mère*, qu'il le faisait en termes allant au cœur, et qu'il ne tarissait pas sur ce sujet. » Ils ont aussi remarqué que, en changeant d'exercice, il prenait souvent son chapelet ; que, pendant les offices, il le récitait dans les courts intervalles qui séparaient les morceaux de chant ; qu'il se préparait sérieusement à chacune des fêtes de la Très Sainte Vierge, et n'omettait jamais d'y communier ; enfin qu'il s'acquittait avec zèle et bonheur de de la charge qu'on lui avait confiée de décorer la statue de la divine Mère qui orne le dortoir des Petits Novices. L'un d'eux ajoute : « En récitant l'office de la Très Sainte Vierge, il levait de temps en temps les yeux sur l'image de cette bonne Mère, et il me dit un jour qu'il lui semblait la voir nous sourire avec amour et s'apprêter à nous exaucer. »

Saint Joseph tient de trop près à Jésus et à Marie, pour n'avoir pas eu dans les affections de Lucien une part très large. Le pieux enfant célébrait son mois et ses fêtes avec une grande dévotion, et il attendait principalement de ce saint Patriarche la grâce d'une bonne mort pour lui et pour ses parents. On a vu, à propos de la mort de sa mère, jusqu'où allait sa confiance dans l'intercession de ce grand Saint.

Sa piété envers le Vénérable de la Salle, fondateur d'un Institut qu'il aimait si ardemment, ne pouvait manquer d'être grande. Elle se manifesta surtout à l'occasion de la solennité du second centenaire, et plus encore durant la maladie qui le conduisit à la vie bienheureuse.

Enfin, l'histoire du jeune Jean Berchmans, novice de la Compagnie de Jésus, le toucha si profondément, qu'il put dire un jour à un de ses compagnons de promenade : « J'ai une grande dévotion envers le Bienheureux Berchmans, parce que ce saint est le plus imitable, en ce sens qu'il ne s'est sanctifié que par des actions ordinaires. »

Lucien avait compris de bonne heure que, pour se maintenir à la hauteur des pensées de la foi, et pour conserver le goût des choses célestes, la lutte contre la nature était pour lui d'une nécessité absolue. Nous le voyons au Petit Noviciat s'animer constamment au combat, et toutes les vertus qui font l'admiration de ses condisciples nous apparaissent comme étant uniquement le fruit des victoires remportées par son courage et sa générosité, avec l'aide de la grâce de Dieu ardemment implorée.

Avant de parler des vertus à l'acquisition desquelles il a travaillé, faisant d'admirables efforts, nous extrairons de ses notes différents passages qui montrent la lutte active résolument installée dans son âme.

« Il faut que j'acquière, écrit-il dans son agenda spirituel, une piété bien comprise. Elle consiste dans le fidèle accomplissement de mes devoirs, aussi bien dans la sécheresse que dans la consolation. » « Pour l'ordinaire, écrit enore notre petit Novice, j'ai beaucoup de difficulté à méditer pendant la récitation du chapelet, et j'éprouve une grande répugnance à m'y mettre. Mais lorsque je veux m'y appliquer sérieusement, j'en viens pourtant à bout ; c'est pourquoi je veux tâcher de me surmonter. O Jésus ! soyez mon guide et mon soutien, car je ne puis absolument rien sans votre grâce. »

Ailleurs il dit : « Cette semaine, je veux m'appliquer à mes exercices journaliers, qu'ils me plaisent ou non ; ne pas perdre une minute du temps qui doit y être consacré. J'imiterai en cela le B. Berchmans. Parmi tous les saints dont j'ai lu la vie, c'est celui que je me sens le plus porté à imiter. Ce bon petit religieux, en effet, faisait surtout consister la sainteté dans la perfection des actes ordinaires. Il eût mieux aimé, disait-il, perdre en un instant tous les dons naturels dont son âme était enrichie, que de dérober aux moindres exercices, ou d'employer avec négligence une seule minute du temps que la règle leur assigne. »

Lucien poursuit : « A l'exemple du B. Berchmans que je prends pour modèle, je veux être silencieux. Toutes les fois que je m'approcherai du tribunal de la pénitence, j'examinerai ce point en particulier, et j'attirerai là-dessus l'attention de mon confesseur. De plus, toutes les fois que j'aurai parlé plus de six fois inutilement pendant la journée, je m'imposerai à moi-même une pénitence, comme de souper à genoux, de me priver de quelque chose, ou d'aller m'accuser publiquement au Grand Noviciat ou ailleurs. Je veux tenir au silence, parce que c'est un excellent moyen de devenir intérieur. Sans le silence, il est reconnu qu'il n'y a pas de vie intérieure possible. Du reste, j'y suis obligé par la règle ; et puis, étant un des plus anciens petits Novices, je dois le bon exemple à mes condisciples qui sont scandalisés, quand ils me voient parler à tort et à travers. »

Lucien insiste d'une manière particulière sur ce point. Nous trouvons encore ces lignes écrites dans son agenda spirituel. « Afin de mieux garder le silence, je me rappellerai cette parole de l'Esprit-Saint : Où il y a beaucoup de paroles, il y a beaucoup de péchés ; ou cette autre de Notre-Seigneur : « Les hommes rendront compte au jour du jugement des paroles inutiles qu'ils auront prononcées. »

Ses condisciples ont maintes fois constaté que ce n'était pas en vain qu'il prenait ces résolutions, et l'un d'eux nous dit : « Ce qui m'a vivement frappé, c'est la générosité avec laquelle il combattait son inclination au babil. Il faisait un petit billet où était écrite une sentence contre les grands parleurs, et la plaçait devant lui, et s'il manquait au silence il se punissait sévèrement.»

Lucien, dans ses notes, a inséré cette résolution courageuse qui atteste son habitude de combattre : « Si j'éprouve de la crainte ou de la confusion pour l'aveu public d'une faute, parce qu'elle peut m'attirer une humiliation ou une pénitence, je déclarerai cette faute la première, car je dois être bien aise d'être repris : c'est d'abord un moyen facile de l'expier ; puis c'est un préservatif contre la rechute. »

Enfin, nous trouvons dans son agenda les lignes suivantes, qui révèlent plutôt un fervent religieux, qu'un novice de quatorze ans : « Mon principal écueil, c'est l'inconstance, et le manque de générosité pour accomplir mes résolutions. Je travaillerai donc, ce mois-ci, à acquérir un peu de générosité au service de Dieu. Pour cela, je ferai avec soin mon examen de prévoyance, et j'y prendrai une ferme résolution qui n'embrasse pas trop de choses, mais que j'aurai à cœur d'accomplir. Je ferai aussi avec constance et générosité mes examens particuliers et généraux, afin de mieux connaître, le jour suivant, les occasions où je serai exposé à manquer à mes devoirs. »

Lucien était plus fidèle et plus généreux à accomplir ses résolutions, qu'il le laisse voir dans ses notes. Tous ses condisciples le connaissaient pour son courage à se vaincre, et son zèle à réparer les fautes les plus légères qui pouvaient lui échapper. « Quand il croyait nous avoir mal édifiés, raconte un de ses condisciples, il réparait généreusement sa faute, en s'humiliant et en demandant pardon. » « Un jour, dit un autre, je le fis rire plusieurs fois durant le catéchisme. Je fus bien confus, au repas et au catéchisme suivants de l'entendre demander pardon publiquement du mauvais exemple qu'il avait donné, en se laissant aller au rire. »

Lucien comprenait admirablement qu'aucun obstacle ne peut tenir devant l'amour de Dieu ; et nous trouvons écrit dans son agenda ces mots significatifs : « Rien ne coûte, lorsqu'on aime Dieu. Je veux donc m'exciter à l'amour de ce Dieu si bon, en me rappelant souvent le souvenir de ses bienfaits. » C'est dans l'amour de Dieu qu'il venait retremper ses forces et qu'il trouvait toujours le secret décisif de la victoire.

CHAPITRE XI.

Différents traits de la charité de Lucien envers le prochain. — Efforts constants qu'il apportait à la culture de cette vertu. — Combien il avait soin de rendre surnaturelles ses attentions à l'égard de ses frères. — Sa parfaite obéissance. — Témoignages de ses condisciples à ce sujet.

La charité de Lucien a laissé dans le Petit Noviciat un souvenir embaumé. « Lucien, disent ses compagnons, savait s'oublier lui-même, pour rendre service aux autres, quelque peine qu'il lui en coûtât. » Le moindre signe, en effet, suffisait pour le mettre tout de suite à la disposition de quiconque voulait l'employer ; et cela, quelle que fût l'importunité, même calculée, du solliciteur. Il alla un jour jusqu'à interrompre un trait, pour céder sa règle à quelqu'un qui la demandait ; et, si une fois il montra un peu lui d'impatience envers un de ses voisins qui le dérangeait à dessein, il répara le soir même cet instant de faiblesse par de très humbles excuses. Enfin jamais on ne lui vit refuser un service aux plus exigeants. Rarement il manquait de s'offrir à remplacer dans leurs emplois ceux de ses confrères qu'il voyait fatigués. Il sollicita même vivement un jour la permission de faire pour un autre une pénitence publique, qui paraissait contrarier celui à qui elle avait été imposée. Voyait-il pendant la récréation quelqu'un moins joyeux qu'à l'ordinaire, il s'approchait de lui, s'enquérait discrètement de sa peine, mettait tout en œuvre pour le consoler, et ne se croyait libre qu'après lui avoir fait reprendre sa gaieté accoutumée.

Ce qui donnait à ses procédés un charme irrésistible, c'était l'universalité absolue de sa charité. Il professait une véritable horreur pour « ces maudites amitiés particulières », comme il les appelait, qui rapetissent le cœur, en réservant à quelques-uns les sentiments d'affection

auxquels tous ont droit. Lucien, en outre, avai
une attention extrême à ne jamais mal parler
des absents. Non content de respecter lui-même
leur honneur, il prenait chaleureusement leur
défense contre ceux qui semblaient vouloir
les déprécier. Ses compagnons de récréation
affirment tous qu'ils ne l'ont jamais entendu
dénigrer personne ; et, ce qui est mieux encore,
ils disent avoir plusieurs fois remarqué ses
efforts pour détourner la conversation de sujets
peu charitables qui venaient à surgir.

Lucien eut toujours pour les Petits Novices
nouvellement arrivés une bonté empressée. Cela
était si notoire, qu'on le chargeait souvent d'en
prendre soin et de les initier aux usages de la
maison. Nous allons apprendre de la bouche
même de ses protégés avec quelle attention,
quelle délicatesse, quel oubli de soi-même, il
s'acquittait de cette mission. « La charité qu'il a
exercée envers moi, dit l'un d'eux, lorsque j'étais
tout nouveau, m'a singulièrement frappé. Il était
toujours prêt, lorsqu'il entrait dans les salles
ou qu'il en sortait, à prendre mon chapeau pour
l'accrocher au mur, ou pour me le donner. Il
me fournissait aussi tout ce dont j'avais besoin.
Souvent, en récréation, il me demandait si je me
plaisais au Petit Noviciat, m'encourageait, faisait ressortir à mes yeux le bonheur que l'on
goûte au service de Dieu, et me dépeignait avec enthousiasme les belles cérémonies de la chapelle. »

Vingt autres en auraient pu dire autant, car les témoins de cet empressement charitable ajoutent: « En récréation, il allait parler avec les nouveaux, les égayait, leur apprenait à jouer, leur cédait même sa place dans les jeux, les invitait à s'asseoir quand il les voyait fatigués, et enfin les entourait de toutes sortes de soins. Et, comme s'il eût eu besoin de justifier sa conduite, lui-même disait quelquefois : « Pour mon compte, je sais que les attentions dont j'ai été l'objet, dès mon arrivée au petit Noviciat, m'ont beaucoup encouragé et fortifié. » C'était donc une sorte de dette qu'il se croyait tenu d'acquitter.

Ce qu'il faut avant tout retenir ici, c'est que la charité de Lucien n'était pas l'effet d'une simple inclination naturelle, propre aux caractères sympathiques; mais bien une vertu divine, parfaitement raisonnée, et exigeant des efforts extraordinaires. On en a la pleine conviction en lisant certains passages de son agenda. Lucien écrit, par exemple : « Bien que X*** me paraisse peu aimable et très ennuyeux à cause de ses manières qui laissent tant à désirer, je le supporterai. Je ne ferai même aucun signe, et ne dirai aucune parole qui puisse faire supposer que je ne l'aime pas naturellement. Je m'efforcerai, au contraire, de le regarder comme un membre de Jésus-Christ, et je supporterai ses défauts, en me rappelant que j'en ai aussi que je ne connais même pas, et qui peuvent être très désagréables aux autres. Je considérerai encore que Dieu, la sainteté même, me supporte et me chérit comme son enfant, malgré mes nombreux défauts, et mes péchés énormes. »

A l'aide de ces principes et de la grâce de Dieu, toujours humblement sollicitée, Lucien savait se vaincre pour être envers tous constamment bon.

Si ses attentions aimables pour chacun de ses condisciples étaient continuelles, sa patience et sa douceur à souffrir les importunités de quelques-uns étaient vraiment ravissantes. « Je ne l'ai jamais vu montrer de l'humeur, dit l'un d'eux. ni, à plus forte raison, de l'animosité, quoiqu'il eût généralement pour voisins de classe les plus importuns et les plus remuants. » Ceux-ci d'ailleurs n'ont pas été les derniers à rendre hommage à sa douceur. « Étant encore nouveau, dit l'un d'eux, je mettais à plaisir sa patience à l'épreuve ; pourtant je ne me souviens pas de l'avoir vu une seule fois me témoigner du ressentiment ; on aurait dit, au contraire, qu'il n'avait pour moi que plus d'affection et de dévouement. » « J'ai été son voisin pendant un an, écrit un autre ; et certes, je ne suis pas commode : c'était souvent que j'essayais de l'agacer. Je n'ai jamais réussi à faire sortir de sa bouche la plainte la plus légère. » « Il m'arrivait quelquefois, avoue un troisième, de le pousser en classe sans sujet ; alors, sans montrer la moindre peine, il se déplaçait comme pour éviter de me gêner. »

On l'a vu un jour aller se mettre à genoux devant un condisciple pour lui demander pardon d'avoir manifesté quelque impatience en endurant ses taquineries.

On n'était pas moins ravi de l'humilité de Lucien que de sa charité au petit Noviciat. Son humilité était simple, franche, sincère, et, par dessus tout, amie de la soumission absolue aux supérieurs et à la règle. Les petits Novices qui ont connu Lucien, nous ont laissé sur ce point des notes abondantes. L'un dépeint ses manières douces et simples avec tout le monde ; l'autre fait ressortir sa réserve dans les discussions, et cite les termes pleins de modestie, « il me semble, je crois, etc., » avec lesquels il donnait son avis quand on le lui demandait. Celui-ci vante son calme en présence d'une humiliation ; plusieurs ont remarqué son empressement à solliciter des tâches répugnantes ; tous admirent son application à demeurer toujours caché, et son habileté à passer tout à fait inaperçu.

Un condisciple de Lucien raconte ce trait qui prouve combien l'humilité du pieux jeune homme était profonde : « Il nous est arrivé plusieurs fois, en promenade, d'avoir l'air de nous moquer de lui. Alors, au lieu de se fâcher, il se mettait à rire de tout son cœur avec nous, et à nous dire que nous avions bien raison. »

Ce parfum d'humilité que répandait autour de lui notre pieux petit Novice, et dont ses condisciples se disaient embaumés, était le résultat d'un travail très sérieux de Lucien sur lui-même. C'est par la lecture de ses notes qu'on se rend compte des efforts courageux et infatigables qu'il faisait pour devenir humble de cœur, comme Notre-Seigneur le demande. Dans un de ses cahiers de retraite, on trouve les passages suivants :

« Je travaillerai courageusement à combattre en moi cet orgueil, qui me rend parfois insupportable à moi-même. Je combattrai d'abord l'orgueil dans mes pensées, ensuite dans mes actions. Pour m'aider à acquérir cette belle vertu d'humilité, je ferai souvent des retours sur moi-même, afin de me connaître. Tous les samedis, je visiterai Notre-Seigneur au T. S.-Sacrement, pour méditer sur les motifs que j'ai de m'humilier, m'adressant ces questions : Qu'ai-je été dans le passé ? Que suis-je à présent ? Que serai-je à l'avenir ? Lorsqu'il y aura empêchement le samedi, je le ferai le dimanche. Chaque fois qu'il me viendra une pensée d'orgueil, et que je m'en apercevrai, je ferai un acte d'humilité en moi-même, ou je réciterai une oraison jaculatoire telle que « Jésus doux et humble de cœur, etc. » Pendant la classe, lorsqu'un condisciple me dérangera un peu, je serai patient, puisque c'est par la patience qu'on reconnaît l'humilité. »

Lucien continue : « J'aurai soin d'offrir mes actions avant de les commencer, et je demanderai à Notre-Seigneur la vertu d'humilité par l'intercession de la Très Sainte Vierge. Je ferai soigneusement mon examen particulier, et j'en rendrai compte afin de me stimuler ; je m'examinerai surtout sur les fautes d'orgueil ; je ferai régulièrement ma récollection. Lorsque je serai sur le point de recevoir une louange, je m'humilierai, renvoyant à Dieu la gloire ; je tâcherai de faire de nombreux petits sacrifices, afin de m'étudier à bien supporter la pénitence qu'on m'imposera, et à la faire religieusement, me rappelant à ce sujet les exemples du divin Maître, de sa sainte Mère, de tous les saints ; enfin, lorsque je serai porté à faire des comparaisons, je me rappellerai la parabole du Pharisien et du Publicain. »

Lucien, qui avait pour le B. Berchmans une tendre admiration, trouvait un grand attrait à marcher sur ses traces. Les résolutions de ce jeune saint pour acquérir en particulier l'humilité le charmèrent à ce point qu'il voulut se les approprier. Il les transcrivit donc dans toute leur étendue, modifiant les circonstances qui ne lui étaient pas applicables, et mit tout en œuvre pour les pratiquer. Les passages suivants méritent d'être remarqués :

« Si quelqu'un te loue, humilie-toi intérieurement d'être jugé tel que tu n'es pas ; lorsqu'on louera un autre devant toi, garde ton cœur de tout déplaisir qui ne serait qu'un fruit de l'envie, et même excite en toi une joie sincère.

« Cède toujours aux autres ce qu'il y a de meilleur, et considère-les tous comme très dignes de t'être préférés.

« Désire avec sincérité d'être tenu pour vraiment méprisable, et si tu n'as pas ce bonheur, afflige-toi, ac ton râme dans le mépris ne serait que plus précieuse aux regards de Dieu. »

Lucien termine en notant deux moyens pratiques, dus à sa propre inspiration : « Solliciter fréquemment des humiliations publiques ; demander à remplir les offices les plus bas et les plus ordinaires, principalement ceux qui répugnent le plus à la nature. »

Lucien, charitable et profondément humble, montrait une docilité parfaite.

Son obéissance était simple comme le reste de sa conduite, mais d'une étendue qu'on rencontre rarement. L'exacte et constante fidélité à toutes les recommandations des supérieurs, jusque dans les plus petits détails de la conduite, est une vertu difficile. Or, la grande majorité des Petits Novices atteste l'avoir constatée dans leur édifiant confrère.

Il est particulièrement prescrit par la Règle aux Petits Novices d'être modestes partout, mais spécialement en changeant d'exercice ; de garder exactement le silence en dehors des récréations ; de montrer une gaieté pieuse dans les entretiens réguliers, et d'user d'une grande condescendance dans les jeux. Sur chacun de ces points, Lucien peut être donné comme un modèle parfait d'obéissance, au témoignage de ses condisciples. Aussi ne le peindrons-nous ici que par les traits qu'eux-mêmes nous ont laissés.

« Il était très ponctuel, disent-ils, pour commencer tous les exercices au premier signal ; et en allant d'un lieu à l'autre, il marchait avec tant de modestie, qu'on ne pouvait douter qu'il ne pratiquât fidèlement la récollection. Quoiqu'il eût une forte inclination au babil, il ne parlait jamais en changeant d'exercice, non plus que pendant le travail manuel, les emplois, les allées et venues par la maison, ni même lorsque, pendant la récréation, il se trouvait avec un ou deux de ses confrères séparé du reste de la communauté. Cependant, si on l'interrogeait, il répondait en peu de mots, et rentrait aussitôt dans sa modeste et aimable gravité. »

Un des plus jeunes Petits Novices a écrit sur lui ces lignes : « Quand j'étais à un emploi avec lui, et que je causais un peu, il me disait : Ne causons pas tant, bien que lui ne causât pas du tout. »

En classe, son silence était presque absolu ; il n'y parlait que pour des choses indispensables. « Pendant plusieurs mois où j'ai été son voisin, affirme un Petit Novice, je ne sache pas qu'il ait parlé une seule fois sans nécessité. » La même attestation est produite par un autre avec quelques variantes, toutes en faveur de

Lucien, « Excepté les premiers jours de mon arrivée, dit-il, alors que la charité l'obligeait en quelque sorte à m'indiquer ce qu'il y avait à faire, je puis dire, sans crainte de me tromper, que je ne l'ai pas vu parler une seule fois sans permission : et, dans ce dernier cas, il avait encore soin de le faire en peu de mots. » « Pourtant, observe un autre, sa langue tournait en récréation avec une étonnante facilité, ce qui prouve assez qu'une telle vertu a exigé de sa part de très grands sacrifices. »

« Il ne manquait jamais, disent plusieurs autres, de se munir de toutes les permissions exigées, soit pour aller faire une visite à la chapelle, soit pour aller à travers la maison. »

Même obéissance aux prescriptions de la règle en récréation, où on lui voyait toujours le visage souriant et épanoui. Quand il était président de groupe, il ne permettait jamais qu'on s'écartât de la règle, mais il assaisonnait ses observations de tant de bienveillance qu'on ne pouvait s'offenser de sa fermeté.

Lucien sut toujours tempérer par une amabilité franche ce que sa stricte régularité aurait pu présenter de trop austère ; et c'est en cela que ses compagnons l'admiraient beaucoup. Ils disaient de lui : « Lucien est régulier, sans être singulier ; et sa parfaite obéissance à la règle a je ne sais quoi d'aimable qui entraîne et porte à l'imiter. »

Lucien, attentif à accomplir toujours même les plus petites prescriptions de la règle, avait pour les avis, pour les ordres des supérieurs un immense respect, et s'y conformait aussi avec une exacte et constante fidélité.

Ses condisciples nous disent : « Il obéissait humblement, promptement et cordialement ; jamais nous n'avons surpris dans son extérieur le moindre signe de mécontentement pour un ordre reçu ; on ne pouvait même pas voir si telle chose lui plaisait ou lui déplaisait, car il paraissait toujours content. »

Mais ce qui est encore plus remarquable, c'est la hauteur de vues avec laquelle Lucien obéissait. « Si quelqu'un, lisons-nous dans une note, lui objectait que tel ordre était trop difficile à exécuter, il répondait : Je ne m'en inquiète pas ; c'est le bon Dieu qui me l'a donné, il l'accomplira avec moi. » « Depuis longtemps, écrit un petit Novice, il ne pouvait plus guère chanter, et il aurait bien désiré être enfant de chœur ; mais il évitait de manifester son désir au cher Frère Directeur, de crainte, disait-il, d'influencer son choix et de ne pas faire la sainte volonté de Dieu. »

D'une parfaite obéissance à tout ce qu'on lui commandait personnellement, le pieux jeune homme n'était pas moins exact à observer les recommandations générales des supérieurs. Ses condisciples sont encore unanimes à affirmer ici sa fidélité. « Ce en quoi, dit l'un deux, il est le plus facile de manquer à l'obéissance au Petit Noviciat, c'est en s'écartant des prescriptions et des recommandations générales qu'on est facilement porté à regarder comme de simples conseils. Or, j'ai remarqué avec beaucoup d'édification combien Lucien était exact à s'y conformer, lors même qu'il y avait longtemps qu'une recommandation n'avait pas été renouvelée. »

CHAPITRE XII

Mortification de Lucien. — Différentes pratiques difficiles. — Le double motif qu'avait Lucien pour se mortifier. — Son horreur pour le péché. — Sa pureté angélique. — Caractère de son application à l'étude. — Le prix qu'il attachait au temps.

Il reste à parler de la mortification de notre pieux jeune homme au Petit Noviciat.

En raison de son âge, de son faible tempérament, de sa vie fortement appliquée à l'étude, Lucien ne connut ni les jeûnes ni les veilles, ni les disciplines, ni les cilices ; et il ne coucha point sur la dure. La mortification n'est pas tout entière dans ces grandes pratiques familières aux saints. Ouvrons l'agenda de Lucien, et nous verrons où le pieux petit Novice savait la trouver. « Il faut, dit-il, que je m'efforce d'acquérir l'esprit de sacrifice ; » et, s'appropriant ce passage des *Petites Fleurs des Saints*, il poursuit : « il faut que je m'étudie à refuser à la nature ce qu'elle me demande sans besoin, et à lui faire donner ce qu'elle me refuse sans raison. Par exemple, elle me suggère de prendre mes aises étant debout, assis ou couché, je ne l'écouterai pas. Il y a un petit morceau qui me sourit dans la portion des mets qu'on m'a servie, je ne le mangerai pas ; je grille de parler, de dire un bon mot, je me tairai. »

Dans un de ses cahiers de retraite, nous trouvons transcrits différents autres extraits des *Petites Fleurs des Saints*. « Vous avez bon appétit, l'eau vous vient à la bouche, attendez un peu, mangez lentement.

« Etes-vous tenté de vous fâcher : pour l'amour de Jésus, soyez doux et bon.

« On dit à côté de vous quelque chose de curieux : n'y prêtez pas l'oreille.

« C'est un objet intéressant qui se trouve sur votre passage, ou que tout le monde court voir : ne le regardez pas.

« Vous avez envie de marcher vite, de faire vite cette chose : allez plus lentement.

« C'est le froid, la chaleur ou la pluie qui vous porte à la plainte, à l'ennui : dites. « Froid, chaud, pluie, bénissez le Seigneur (1). »

(1) Dan. III, 67 et suiv.

Ces citations sont réunies sous ce titre: « Principales occasions où il y a lieu de se mortifier. » On sent, par leur nombre et leur choix, que Lucien avait été heureux de trouver si nettement formulées la plupart des victoires secrètes qu'il était habitué à remporter sur lui-même.

Lucien embrassa ainsi avec ardeur la mortification dans ce qu'elle a de plus difficile et de plus crucifiant pour la nature, pour deux motifs que nous trouvons nettement exprimés dans ses notes. Il dit en effet quelque part: « En me renonçant ainsi, je deviendrai fort dans le combat spirituel, et je serai à même de surmonter les difficultés que je pourrai rencontrer; à une condition cependant, c'est que mon sacrifice sera constant et universel. »

Il dit ailleurs que la mortification et la pénitence doivent être comme le fond de sa vie, parce que par là il veut expier les fautes dont il s'est rendu coupable, et se préserver d'en commettre d'autres. « Pour ces motifs, dit-il, j'embrasserai la mortification avec courage et je me livrerai généreusement à la pratique de la pénitence. »

On comprendra davantage avec quelle ardeur il s'attacha à la mortification, en vue de sa vertu expiatrice et préservatrice, quand on saura combien il avait de haine pour le péché.

Tout péché lui inspirait une souveraine horreur. Il suffisait qu'il fût témoin d'un acte tant soit peu répréhensibl e, ou qu'on citât devant lui quelque fait où Dieu avait été offensé, pour voir sa physionomie, habituellement si ouverte et si gaie, prendre aussitôt une teinte très prononcée de tristesse et de peine. C'est ce qui parut surtout un dimanche, où il aperçut non loin du Noviciat quelqu'un qui travaillait dans les champs. Il ne pouvait contenir sa surprise, je dirai presque son effroi, à la vue d'une violation si audacieuse des préceptes du Seigneur. Dans ses méditations à haute voix, il ne tarissait pas non plus quand il exprimait sa haine pour le péché. Rien donc ne pouvait lui être trop pénible pour se mettre à l'abri de l'offense de Dieu.

Le don de pureté est, comme chacun le sait, la récompense ordinaire des âmes mortifiées. Lucien reçut de Dieu cette prérogative angélique. Elle parut en lui à un degré si élevé qu'on pourrait croire qu'il n'eut jamais à lutter pour la conservation de sa virginale innocence, quoique, par une sorte d'intuition que Dieu donne souvent à ceux qu'il favorise sur ce point, il parle, en plusieurs endroits de ses notes, des précautions à prendre pour prévenir les tentations. Nous devons ajouter que cet esprit de sacrifice qui l'animait ne lui faisait d'ailleurs rien perdre de sa simplicité ; car cette lutte courageuse et constante contre la nature était envisagée par lui comme une chose commune et ordinaire. Un jour, en effet, il raconta naïvement à

ses compagnons qu'ayant ouï dire à un petit
Novice plus ancien qu'on devait éviter de se re-
muer au lit pendant les grandes chaleurs, de
peur que, venant à se découvrir, on ne blessât
la modestie, il avait eu soin de suivre cet avis,
et qu'il s'en trouvait très bien.

Avec cet esprit d'abnégation absolue, cet
amour de la mortification et cette pratique de
la lutte incessante, on comprend ce que devait
être l'application de Lucien à l'étude, qui était,
au reste, son principal devoir d'état. Son application à l'étude avait un double caractère digne
d'être remarqué. Le pieux petit Novice donnait
un soin sensiblement plus grand aux spécialités pour lesquelles il avait moins de facilité et
de goût. Il avait fait de ce point l'objet d'une de
ses résolutions hebdomadaires. « Cette semaine,
écrit-il, je m'appliquerai avec plus d'ardeur
aux spécialités pour lesquelles j'ai moins d'aptitude, afin de triompher de ma répugnance. »
Mais ce ne fut pas seulement pendant une
semaine qu'il agit de la sorte, car le fait devint si notoire que la plupart des petits Novices
le mentionnent dans leurs notes. Sans doute,
la raison suffit à démontrer la convenance d'une
pareille conduite, mais il est bien rare qu'elle
réussisse à y fixer quelqu'un pendant longtemps.
Aussi notre pieux étudiant avait-il soin de pla-
cer plus haut son point d'appui. Revenant sur
cette question dans une retraite, il dit : « Je

m'appliquerai à travailler au moins avec la même ardeur aux spécialités qui ne me plaisent pas qu'aux autres ; et, pour cela, je ferai avec soin ma récollection aux changements d'exercice. Par là, je penserai à Dieu, je le prierai ; et cette seule pensée que *Dieu me voit* me remplira de force pour bien faire l'action qui me paraîtra difficile. »

Un autre caractère de l'application de Lucien à l'étude, c'est la constance, ou mieux la parfaite égalité d'énergie qu'il y déployait, quelles que fussent les autres dispositions de son âme. C'est sur ce point qu'il paraît avoir eu à se faire le plus de violence, car il n'en est aucun sur lequel il revienne plus souvent dans ses notes. Il en parle jusqu'à trois fois différentes dans les résolutions de sa dernière retraite, et en termes qui dénotent une lutte d'une rare opiniâtreté. « Lorsque je serai dans la sécheresse, dit-il, je m'efforcerai de ne pas y penser, d'agir comme d'habitude. Je jetterai alors mes yeux sur Jésus crucifié, j'offrirai mes actions au bon Dieu, je relirai mes impressions de retraite, je me rappellerai la présence de Dieu qui me regarde combattre, qui m'aide et qui veut m'enrichir de mérites pour le ciel. » « Car, ajoute plus loin le pieux Lucien, en ne faisant bien mes actions que dans la consolation, je n'agirais que par amour-propre. »

La plupart des condisciples de Lucien affirment ne l'avoir jamais vu perdre la moindre parcelle du temps destiné au travail. « S'il avait un instant de temps libre, disait-il, il l'employait à revoir une leçon qu'il avait oubliée, ou une question qu'il avait moins comprise. Pendant les études, on ne le voyait jamais s'amuser, ni même regarder ce qui se passait autour de lui ; tout entier à son travail, il ne s'occupait que d'une chose, accomplir de son mieux la tâche imposée. »

On pourrait être surpris, après ces témoignages, de trouver le passage suivant dans les notes de Lucien : « Comme j'ai été frappé de tout le temps que j'ai perdu cette année, je ne veux pas qu'il en soit ainsi dorénavant. » Mais les détails dans lesquels il entre pour développer sa résolution montrent que ses compagnons avaient raison, et qu'il était pour lui-même d'une exigence qu'on ne peut pas avoir pour les autres. Il ajoute donc : « Je m'efforcerai de ne pas perdre un seul instant, ni pendant les études, ni pendant les leçons, ni pendant les changements d'exercices. Pour cela, je m'appliquerai en passant d'un exercice à un autre, à réfléchir sur des choses spirituelles : je ferai ma récollection, une communion spirituelle, ou bien je lirai quelques versets de l'Imitation de Jésus-Christ. »

Après cela, on comprend le témoignage que rendaient de lui ses professeurs de « n'avoir jamais eu à le reprendre ni pendant les leçons, ni pendant les études, pour défaut d'attention et d'application. »

CHAPITRE XIII.

Commencements de la maladie de Lucien. — On constate au bout d'un mois la gravité de son état. — Lettre du Petit Novice à son père. — Comment Lucien sanctifia sa maladie. — Disposition du pieux jeune homme à l'égard de la mort.

Lucien, dont la santé s'était parfaitement soutenue au Petit Noviciat, commença à éprouver, au mois de décembre 1880 une sorte de malaise, lorsqu'il essayait de courir. Il dut s'en abstenir. Ses compagnons ignorant son mal étaient très surpris de le voir au repos pendant les parties de barres ; aussi l'excitaient-ils vivement à prendre part à leurs ébats. Quelquefois alors il s'efforçait de répondre à leurs désirs. Mais il était bientôt obligé de s'arrêter ; et comme il persistait à taire son mal, on le pressait de plus en plus. Jamais, dans ces circonstances, on ne lui entendit proférer d'autre plainte que celle-ci : « Ah ! si je pouvais courir, je n'attendrais pas qu'on me le dît ! » Lucien d'ailleurs n'avait rien perdu de son ardeur à l'étude. Il continuait en outre de vaquer aux différents travaux manuels, auxquels les petits Novices ont l'habitude de se livrer. Une fois pourtant qu'il remplissait l'office de réfectorier, il resentit une si grande gêne en essuyant les tables, que son compagnon voulut lui chercher un remplaçant ; mais Lucien s'y opposa, désirant terminer son travail ; et ni l'un ni l'autre ne songèrent encore à prévenir le Frère Directeur.

Cependant, vers le 15 janvier 1881, il lui survint une affection de gorge qui fut vite remarquée ; mais cet accident n'ayant rien d'extraordinaire en cette saison, on crut suffisant de lui faire prendre quelques adoucissants et de l'obliger à garder la chambre pendant les récréations. Le mal résistait, et la physionomie de Lucien s'altérait sensiblement. Ceci détermina le Frère Directeur à le présenter au médecin, le 26 janvier. M. le docteur Lebon reconnut tout d'abord un état d'appauvrissement et presque de décomposition du sang, qu'il jugea très grave. Mais le malade n'accusant aucune douleur locale, le médecin se contenta de prescrire un repos absolu et des toniques faibles, en attendant qu'on pût découvrir le siège du mal.

Une semaine se passa ainsi sans qu'il fût possible de remarquer rien de plus ; de sorte que, à la nouvelle visite du médecin, le 2 février, une ordonnance semblable à la première était déjà écrite, quand le Frère Directeur du Petit Noviciat, mis sur la voie par les questions du docteur, fit observer que, depuis quelque temps Lucien avait de la peine à courir. « Pourquoi donc, demanda-t-on au jeune homme. » Il répondit : « Parce que quand je cours, je souffre du ventre. » Ce fut un trait de lumière. On fit immédiatement coucher Lucien ; et, après examen, la première ordonnance fut remplacée par un traitement spécial et énergique, qui néanmoins ne produisit aucun effet.

Le médecin qui voyait Lucien tous les trois jours, comprit par cette inefficacité même que le mal était plus grave encore qu'il n'avait d'abord pensé ; et, le 12 février, il fut le premier à proposer d'avertir les parents, quoique jusque-là il s'y fût opposé par crainte de les effrayer inutilement.

Dans l'après-midi, Lucien se fit donc violence pour écrire, et traça d'une main encore ferme et dégagée les lignes suivantes :

« Chers parents,

« Bien qu'il n'y ait pas encore deux mois que je vous aie écrit, je crois devoir le faire aujourd'hui pour vous donner des nouvelles de ma santé.

« Il y a quinze jours à peu près que, sur l'avis du médecin, on m'a prescrit un repos complet ; et, depuis mercredi dernier, je n'ai pas quitté le lit. Il paraît que j'ai comme un commencement d'hydropisie ; mais ne vous en tourmentez pas, car je suis entouré des soins les plus affectueux.

« Veuillez présenter, chers parents, mes respects à M. le Curé, et mes salutations à mes parents ainsi qu'au cher L. S***, qui m'a écrit une belle lettre de bonne année à laquelle je n'ai pu répondre.

« Je vous embrasse bien affectueusement en Notre-Seigneur.

« Lucien JOUANS. »

Son Directeur ajouta en post-scriptum :

« Comme Lucien vous le dit, il est assez gravement malade ; le médecin le voit plusieurs fois par semaine, et nous faisons le possible pour lui procurer tous les soins que sa position réclame.

« Ne vous alarmez pas trop cependant ; il n'y a pas de danger pour le moment, et j'espère même que nous viendrons à bout de le guérir. »

C'était dire assez clairement ce qui se passait. Aussi, dès le lendemain M. Jouans était à Saint-Claude, pour constater lui-même l'état de son enfant. Hélas ! qu'y pouvait-il faire ? Dans une maladie de ce genre, le dévouement du père le plus tendre est aussi impuissant que la science et l'expérience du docteur le plus habile, que l'attachement du directeur le plus zélé. M. Jouans comprit, par le récit qu'on lui fit des progrès du mal, que Dieu allait lui demander un douloureux sacrifice. Il vit aussi par lui-même les dispositions de son cher malade et les soins qu'on lui prodiguait ; de sorte qu'il put dire au Frère Directeur en partant : « J'ai bien demandé à Lucien s'il désirait venir avec moi, mais il tient trop à rester ici. D'ailleurs, je vois que nous ne pourrions jamais le soigner comme vous le faites. »

Dès qu'il se vit alité, Lucien voulut sanctifier sa maladie, et demanda, pour s'occuper, quelque livre édifiant. On ne crut pas mieux le satisfaire qu'en lui remettant le volume de la Perfection chrétienne, qui parle de la résignation à la volonté de Dieu, nécessaire aux malades. Il en fit ses délices et dit en avoir tiré un grand profit.

Une fois obligé de garder le lit, il supplia son Directeur de lui envoyer quelqu'un de ses condisciples, pour réciter à côté de lui les prières vocales, aux heures mêmes où elles se disaient en communauté. On s'empressa d'accéder à son désir ; et, si la moindre exception survenait, il ne manquait pas, à la première occasion, d'en témoigner sa peine. « Depuis que je suis malade, disait-il, je ne puis plus prier seul ; je me trompe, je me perds, et je me crois toujours obligé de recommencer. » On lui fit également la lecture, et il se montra toujours grandement touché de cet acte de charité. Mais ce qui le consola infiniment plus que tout le reste, ce fut la sainte Communion que lui apportait fréquemment M. l'aumônier.

Par un surcroît de sensibilité si réquent chez les malades gravement atteints, il arriva à Lucien, durant le premier mois de sa maladie, de se montrer quelquefois exigeant et même impatient vis-à-vis des Frères infirmiers. Un petit retard, un oubli, un mouvement moins mesuré lui causaient des impressions si vives qu'il ne savait pas toujours les dissimuler. On en fut d'abord surpris, à cause de l'idée qu'on avait de sa patience et de sa mortification ; mais lorsque, à la première observation que lui en fit son Directeur, on le vit se confondre en excuses pour sa faute, et en remerciements pour l'avertissement qu'on lui donnait, on vit que ce n'était là qu'une trahison de sa nature pétulante, qui, profitant de l'accablement de son âme, tâchait de reprendre l'empire que lui avait ôté sa vertu. Aussi, dès qu'on remarquait ces petites saillies, il suffisait de l'en prévenir pour qu'elles disparussent aussitôt, et fissent place à une admirable patience, au milieu des douleurs les plus aiguës, et à une obéissance absolue pour prendre tous les remèdes et se soumettre à tous les traitements. On crut même reconnaître un empressement plus marqué pour les prescriptions qui lui répugnaient davantage.

Cependant on faisait à Lucien de fréquentes visites, afin d'adoucir ses moments de solitude et de souffrance. Le malade estimait surtout deux qualités dans ceux qui venaient ainsi s'entretenir avec lui : la piété et la gaieté. Lui parler du ciel, de la soumission à la volonté de Dieu, du mérite que procurent les souffrances, du bonheur de la sainte Communion, c'était gagner son affection, s'attirer les plus chauds remerciements, et s'assurer dans son appréciation personnelle le titre de bon visiteur. Le plaisanter agréablement, raconter en sa présence quelque anecdocte à la fois amusante et édifiante, se montrer gai autour de lui, étaient aussi des titres à son amitié. Mais le plaindre, s'apitoyer sur son sort, ne parler que de banalités, c'était réellement le fatiguer, comme il le faisait connaître ensuite, sans jamais désigner personne, à ceux qui avaient plus particulièrement sa confiance.

Il avait surtout une horreur extrême des paroles contre la charité. Si quelqu'un de ceux qui fréquentaient l'infirmerie s'oubliait sur ce point, Lucien en ressentait plus de peine que de ses vives souffrances. C'est précisément l'énergie avec laquelle il manifesta son chagrin à cet égard qui fit mettre au nombre des pratiques de la neuvaine qu'on entreprit pour obtenir sa guérison, celle de s'abstenir avec le plus grand soin de toute parole contraire à la charité.

Connaissant la foi et les vertus de son élève, le Frère Directeur n'avait pas hésité à le tenir au courant de toutes les appréhensions du médecin. « Si le bon Dieu veut m'appeler à lui, répondait l'enfant, il est le maître ; je me résigne à tout ce qu'il voudra. Cependant j'aurais mieux aimé mourir avec l'habit religieux. » Lucien, en bonne santé, avait exprimé plus d'une fois sa pensée au sujet de la mort, en des termes comme ceux-ci : « Autant vaut mourir jeune que vieux : lorsqu'on est jeune on est plus pur, et, par conséquent, plus sûr d'aller au ciel, et de rester moins longtemps en purgatoire. » Le plus souvent, rattachant la mort à l'adorable volonté de Dieu, il disait qu'il fait bon de l'accepter quand le Seigneur l'envoie. Lorsque Lucien se vit sérieusement atteint, il immola à Dieu, par un acte constant de résignation parfaite, son espérance d'être religieux et de sauver les âmes. « Je me soumets de tout mon cœur à tout ce qu'il plaira au bon Dieu », répétait-il bien des fois. A la demande : « Guérirez-vous bientôt ? » il répondait invariablement : « Je guérirai quand il plaira au bon Dieu ; » et si lui-même exprimait le désir de se rétablir, il ne manquait jamais d'ajouter : « Si c'est la volonté de Dieu », ou bien : « si cela est avantageux à mon salut. »

CHAPITRE XIV.

Le médecin désespère de guérir Lucien. — Recours au Vénérable de la Salle. — La neuvaine se termine le jour de St. Joseph. — Lucien reçoit le saint Viatique et prononce le vœu de se consacrer à l'éducation des enfants dans l'Institut. — Après une amélioration de quelques jours, la maladie poursuit ses ravages. — Visites des parents de Lucien. —

Jusqu'au commencement de mars, le docteur, sans conserver beaucoup d'espoir, tenta divers moyens de lutter contre le mal. Pendant ce même temps, tous ceux qui s'intéressaient à Lucien demandaient à Dieu, par l'intercession de saint Joseph, de faire produire aux remèdes l'effet qu'on en attendait. Mais le malade, lui, n'espérait déjà plus guère que dans le secours de Dieu, comme il le donne à entendre dans les quelques mots qu'il ajoute de sa main à une lettre du Frère Directeur à son père. Il dit :

« Chers Parents,

« Je vous prie de ne pas trop vous alarmer sur mon sort, mais de mettre toute votre confiance en Dieu et de lui demander, par l'intercession de saint Joseph, de me rendre une santé que je veux employer tout entière à sa gloire. »

« Lucien Jouans. »

Dans sa visite du 9 mars, M. Lebon constatant l'inefficacité de ses remèdes, déclara nettement qu'il se reconnaissait impuissant à conjurer le mal ; et, dans la crainte de fatiguer le malade par de nouveaux essais, il s'abstint dès lors de tout traitement spécial.

La guérison du jeune malade ne pouvait donc plus être attendue que du ciel. On était encore sous l'impression profonde des fêtes du deuxième Centenaire de l'Institut, alors que, d'une manière si expressive avait éclaté, dans le monde entier, l'ardent désir du peuple chrétien de voir le Vénérable de la Salle sur les autels. Chacun pensa à demander à ce grand serviteur de Dieu le miracle qui semblait nécessaire pour ramener à la santé l'enfant dont les médecins désespéraient.

Une neuvaine faite par tout le personnel de la maison fut donc résolue. Elle commencerait le jeudi, 10 mars, pour se terminer le samedi, 19 mars, fête de saint Joseph, qui avait été choisi par le Vénérable de la Salle pour être le patron et le protecteur de l'Institut. Les pratiques principales seraient : 1° La récitation plusieurs fois le jour de la prière : « Seigneur Jésus, etc., » composée à l'effet d'obtenir la prompte béatification du Vénérable de la Salle ; 2° La répétition, après chaque exercice commun, de l'invocation à ce grand serviteur de Dieu ; 3° l'attention à pratiquer parfaitement, à l'exemple et suivant les recommandations du saint Fondateur, la charité dans les paroles, évitant surtout les médisances et les critiques. De plus, le jour même de la fête, Lucien prononcerait publiquement le vœu, de se consacrer, si la santé lui était rendue, à l'éducation chrétienne de la jeunesse dans l'Institut du Vénérable de la Salle ; et, le plus tôt possible on ferait constater l'état désespéré du malade par un second médecin.

Comme, par une attention spéciale de la divine Providence, M. Jouans était venu précisément ce jour-là voir son cher enfant, on profita de sa présence pour obtenir son consentement au vœu conditionnel projeté, et pour l'inviter à s'unir à la neuvaine avec sa pieuse famille. Il accepta tout avec bonheur ; et, dès le lendemain, on se mit à prier avec une foi, une ardeur bien grandes.

Le plus confiant et le plus empressé de tous était sans contredit le malade lui-même. Il demanda qu'on lui remît une note des pratiques de la neuvaine, et rien ne fut capable de les lui faire oublier. L'image relique du Vénérable de la Salle ne le quitta plus. Habituellement, il la plaçait sur son cœur ; et, cent fois le jour, il la couvrait de baisers. Lucien était singulièrement heureux quand on lui disait que tout le monde dans la communauté accomplissait avec un soin pieux tout ce qui avait été prescrit pour la neuvaine. Un jour, cependant, ayant lui-même entendu quelqu'un parler défavorablement du prochain, contrairement à la résolution prise, il en fut vivement affligé. « Comment voulez-vous que le Vénérable de la Salle nous exauce, dit-il après, si l'on n'accomplit pas les pratiques recommandées ? »

Conformément à ce qui avait été décidé, M. le docteur Coutenot, l'un des médecins les plus renommés de Besançon, vint le dimanche, 13 mars, vers deux heures de l'après-midi. Après avoir examiné soigneusement le malade, et s'être fait renseigner sur tout ce qui avait été essayé jusqu'ici, il dit au Frère Directeur, en se retirant : « C'est une péritonite tuberculeuse, il n'y a rien à espérer. » — « Qu'a dit le docteur ? » demanda gaiement Lucien, dès qu'on fut revenu près de son lit. « Il a dit que le mal est sans remède. » — « Tant mieux, reprit-il, n'attendant plus rien des hommes, je ne me confierai que plus parfaitement en Dieu. »

Le lendemain, le Frère Directeur du Grand Noviciat se rendait à Reims, afin d'y faire sa retraite. Arrivé en cette ville, il alla prier pour le jeune malade dans tous les lieux sanctifiés par le Vénérable de la Salle, et vint ainsi s'agenouiller successivement dans l'hôtel où le saint Fondateur est né, à la cathédrale dont il fut chanoine, au tombeau de saint Remi qu'il visitait si souvent, dans la grande maison de la rue de Contray où il avait établi le berceau de son Institut ; et, à chaque endroit, le Directeur présenta sa requête en faveur du petit Novice. Il obtint de plus que les Novices de Reims s'uniraient à ceux de Saint-Claude pour le reste de la neuvaine.

Pendant que les prières, accompagnées de nombreux actes de vertu, s'élevaient vers le ciel, aussi bien de Ruffey et de Reims que de Besançon, une aggravation très sensible se remarquait dans l'état du malade. Son affaiblissement était devenu tel le vendredi, 18 mars, qu'on jugea prudent de lui administrer le sacrement des mourants. Conservant sa pleine et entière connaissance, Lucien s'unit aux prières de l'Eglise, et reçut les onctions sacrées avec de tels sentiments de foi, de piété et de résignation que, parmi ses condisciples tous présents à la cérémonie, il y en eut plusieurs qui exprimèrent le désir d'être à sa place.

Cet affaiblissement ne diminua en rien la confiance de tous, et on espéra que le lendemain, fête de saint Joseph, on serait enfin exaucé. Le 19 mars donc, dès six heures du matin, M. l'aumônier apporta le saint Viatique au malade. Au moment de recevoir l'Hostie sacrée, et pendant que le prêtre la tenait élevée sur le saint ciboire, Lucien, d'une voix ferme et avec un accent de foi vive qui arracha des larmes à tous, prononça le vœu suivant :

« Au nom du Père, et du Fils et du Saint-Esprit.

Ainsi soit-il. Je, Lucien Jouans, promets et fais vœu, si la santé m'est rendue, de consacrer ma vie à la gloire de Dieu, par l'éducation chrétienne des enfants, selon la règle et dans l'Institut du Vénérable Jean-Baptiste de la Salle, par l'intercession de qui seul, j'espère obtenir ma guérison.

« Lucien Jouans. »

L'état du malade n'ayant varié en rien de la journée, on convint, sur le soir, dans la maison, de recommencer aussitôt une nouvelle neuvaine en tout semblable à la première. La confiance et la ferveur étaient demeurées dans toutes les âmes. « Dieu, disait-on, se plaît quelquefois à éprouver la confiance de ses serviteurs par des retards qui présagent souvent des faveurs plus grandes. D'ailleurs, si nous n'obtenons pas l'effet direct et immédiat de nos prières, nous en obtiendrons un autre qui nous demeurera peut-être inconnu, mais qui n'en sera ni moins réel, ni moins précieux. »

Le dimanche 20 mars, on se crut exaucé. Lucien se trouva si sensiblement mieux, que le Frère Directeur du Petit Noviciat s'empressa d'en avertir son père. Il le fit en ces termes :

« Vous attendez sans doute avec une vive inquiétude, la lettre que j'avais promis de vous écrire samedi, dernier jour de la neuvaine.

« Si je n'ai pas tenu parole, c'est que j'attendais,

de mon côté, l'effet de nos prières, pour vous en faire part. Mais le Vénérable serviteur de Dieu, par l'intercession de qui nous espérions cette guérison, a voulu éprouver notre foi, en paraissant sourd à nos prières.

« Cependant, loin de nous décourager, nous avons recommencé ce matin une neuvaine, toujours en son honneur, et nous continuons à espérer.

« Nous espérons même d'autant plus qu'un changement notable se manifeste aujourd'hui. Lucien nous dit qu'il ne souffre plus ; il a mangé, comme il n'avait pas fait depuis plus d'un mois ; il est descendu au jardin, et il a été très joyeux.

« Je n'ose pas encore dire qu'il y a guérison, car ce n'est peut-être qu'un mieux passager: mais j'attends avec une pleine confiance.

« Prions et espérons. »

Cette amélioration remarquable dans l'état de Lucien ne se soutint pas ; le mardi l'enfant se retrouvait avec ses souffrances, et il n'avait plus d'appétit. Ces deux mois d'une maladie qui ne permettait presque aucune assimilation des substances alimentaires, l'avaient réduit à un état de maigreur extrême. Ses bras et ses jambes n'avaient plus, pour ainsi dire, que les os, et sa figure présentait toutes les sinuosités d'une tête décharnée. Seuls, ses yeux vifs et purs accusaient encore la vie ; et elle lui restait assez abondante en effet, pour le soumettre à des douleurs d'entrailles inouïes, surtout après ses repas, si faibles qu'ils fussent.

C'est dans cet état que le trouvèrent, aux premiers jours d'avril, sa sœur, son beau-frère et son petit neveu. Il voulut, comme toutes les fois que ses parents l'étaient venus voir, se faire violence pour paraître plus gai et plus fort que de coutume, afin de diminuer d'autant les alarmes de toute sa famille. Sa sœur s'étant trouvée un instant seule avec lui, le pressa vivement pour savoir s'il ne désirait pas qu'on l'emmenât à Ruffey. « Que ferez-vous de moi, répond Lucien ; et comment pourrez-vous me soigner ? — On ferait tout ce qu'on pourrait, répond la sœur. — Oui, mais croyez-vous que je ne donne pas beaucoup d'embarras à ceux qui m'entourent ? Jamais vous ne pourrez faire ce qu'on fait ici : Je ne puis plus m'en aller ; mais je le pourrais, que je ne le voudrais pas. »

Cependant on espérait toujours, et on ne cessait de prier. Une troisième neuvaine, qui devait se terminer le 7 avril, jour anniversaire de la mort du Vénérable de la Salle, avait été commencée. Elle fournit l'occasion de faire renouveler à Lucien, dans les mêmes conditions où il l'avait prononcé, le vœu de consacrer entièrement à Dieu la vie et la santé qu'il espérait lui devoir être accordées. Mais on commença à penser que telle n'était pas la volonté de Dieu à son égard, et Lucien se résigna à souffrir encore, et à voir s'étendre de plus en plus les ravages de la maladie.

Une quatrième neuvaine fut néanmoins entreprise ; et elle se termina le jour de Pâques, 17 avril. Lucien, qui, durant la semaine sainte, avait uni généreusement ses souffrances à celles de Jésus, et avait accepté avec un humble et confiant abandon la cruelle épreuve de la mort, eût bien voulu ressusciter avec le divin Sauveur. Tout ce qu'il put faire, ce fut d'aller, pour la dernière fois, le contempler sur son trône eucharistique, pendant le salut du Très Saint-Sacrement. On avait disposé pour lui un fauteuil au bas de la chapelle ; et c'est de là qu'il put jouir encore une fois des splendeurs de ces grandes fêtes du Noviciat, qu'il aimait tant à célébrer.

Quelques jours après Pâques, Lucien manifesta un désir très simple en soi, mais qui révèle sa délicatesse de cœur. Craignant de n'avoir pas suffisamment répondu aux offres de service de tous les membres de sa famille, et de les avoir ainsi privés de la grande consolation qu'ils auraient trouvée à lui être agréables, il demanda qu'on voulût bien écrire à ses parents de lui envoyer des gaufres. « J'ai pensé, dit-il à son supérieur, que ma sœur serait heureuse de m'en faire, et mon père content de me les envoyer. » On mit un égal empressement à communiquer le désir et à le satisfaire ; mais à peine le malade eut-il goûté de la rustique pâtisserie, qu'i y renonça.

A cette époque, la maigreur toujours croissante de son corps, jointe au séjour de plus en plus prolongé qu'il dut faire au lit, lui occasionna au dos et aux jambes, des plaies vives qui ajoutèrent de grandes souffrances à celles qu'il endurait déjà. Mais on ne l'entendit proférer aucune plainte. Parfaitement résigné à tout ce que la divine Providence lui imposait, il faisait profit de tous ses maux, et acceptait avec reconnaissance, tout ce que ses charitables infirmiers s'ingéniaient à trouver pour son soulagement.

CHAPITRE XV.

Pensées de Lucien qui voit venir la mort au milieu de souffrances cruelles. — Son dernier jour sur la terre. — La prière des agonisants. — Incident remarquable. — Lucien reçoit encore une fois la benédiction du T. S. Sacrement. — Il meurt après avoir reçu l'adieu du Frère Directeur. — Le petit Novice sur son lit funèbre. — Touchantes funérailles.

Le mois de mai n'apporta à Lucien qu'un accroissement de douleurs. Le pauvre enfant était réduit à un état d'épuisement extrême. Son corps ressemblait à un squelette ; sa voix, à peine perceptible, ne se faisait entendre qu'au prix d'efforts et de souffrances inouïes : ses mouvements de plus en plus pénibles, étaient devenus très rares. Mais, dans sa patience, rendue plus méritoire, par la connaissance parfaitement lucide qu'il avait de son état, il ne laissait échapper aucune plainte. Souffrir tous les maux pour plaire à Dieu, pour imiter Jésus et Marie, pour attirer, par sa résignation, les bénédictions divines sur ses parents, sur la sainte Église, sur l'Institut des Frères, et en particulier sur le Noviciat de Besançon, qui lui était si cher ; aller bientôt jouir du ciel avec sa mère, sa sœur Marie, et son bien-aimé Jean Berchmans ; ou, s'il plaisait à Dieu, revenir à la santé pour travailler avec zèle et fidélité au salut des âmes : voilà quels étaient les seuls sentiments qui pouvaient avoir accès dans son âme.

Son père étant venu le visiter sur ces entrefaites fut, comme tous ceux qui l'approchaient, profondément touché et édifié de sa foi, de sa patience, de sa générosité ; mais il fut en même temps si frappé des progrès de la maladie, qu'il le quittai avec la persuasion de ne plus le revoir vivant.

Le jeudi 5 mai, Lucien refusa de prendre toute nourriture. On comprit par là qu'il n'avait pas désormais longtemps à vivre ; et, le lendemain, on en fut plus convaincu encore, en le voyant demander à tout instant de changer de position. Plus de vingt fois dans la matinée, on dut ainsi le porter du lit sur un fauteuil, du fauteuil sur une chaise ; rouler le fauteuil ou glisser la chaise d'un endroit de l'infirmerie à l'autre, sans qu'on pût rencontrer de situation tenable pour plus de cinq minutes. L'après-midi fut plus calme ; mais vers cinq heures la faiblesse devint telle, qu'on crut la fin arrivée. On s'empressa de prévenir M. l'aumônier et de réunir à la chapelle tous les Novices, les Frères libres de la maison, et les petits Novices pour la récitation des prières des agonisants. Quelques Frères, de ceux qui approchaient Lucien de plus près, remplirent ce pieux office dans la chambre même du malade.

Pendant ce temps là, un Frère qui avait plus particulièrement espéré la guérison du pieux jeune homme, et avait constamment ranimé la foi de tous, priait avec plus d'ardeur que jamais auprès du mourant. Il demandait avec larmes au Vénérable de la Salle de ne pas permettre que ceux qui avaient si ouvertement mis leur confiance en lui fussent confondus. Deux heures il était demeuré à genoux, occupé tout entier à cette prière, lorsqu'il entendit au fond de son cœur d'une manière très distincte ces mots : « Pourquoi t'opposes-tu ainsi aux desseins de la Providence ? Le Vénérable de la Salle sera plus glorifié par la mort de cet enfant que par sa guérison instantanée. » Ce fut pour lui un coup de foudre. Impuissant dès lors à continuer la lutte, il se leva, et s'en remit pleinement à Dieu du soin de pourvoir à sa gloire et à celle du Vénérable de la Salle.

Vers six heures, après une crise assez longue, l'agonisant ouvrit les yeux et recouvra sa pleine connaissance. Il put ainsi, grâce à la proximité de l'infirmerie et de la chapelle, suivre encore une fois, de son lit, les prières du salut du Saint-Sacrement. C'était le premier vendredi du mois. Il eut donc la consolation, déjà dans les bras de la mort, de recevoir du sacré Cœur, sous les auspices de Marie Immaculée, une bénédiction suprême, gage de celle qui allait le réunir pour l'éternité à Jésus et à sa Ste Mère, les de deux plus chers objets de son amour. Après la cérémonie, ceux qui avaient dû le quitter, le retrouvèrent dans un état à peu près semblable à celui où il avait été l'après-midi. La faiblesse cependant augmentait de plus en plus ; et, de demi-heure en demi-heure, on pouvait constater un ralentissement du pouls, et un affaissement plus grand des organes. On suggérait fréquemment au mourant de pieuses pensées et des oraisons jaculatoires enrichies d'indulgences. Lucien y répondait des yeux, ou même des lèvres avec une ferveur angélique.

Vers dix heures, alors qu'il ne restait autour de lui que ceux qui avaient fait le sacrifice de leur repos de la nuit, pour assister à sa mort désormais imminente, le Frère Directeur lui dit : « Eh bien, mon cher enfant, voilà la porte du ciel tout ouverte ; vous n'avez plus qu'à y entrer. Je vais vous embrasser pour vous faire mes adieux,

ceux de vos parents et de toutes les personnes
que vous connaissez, et qui ne sont pas ici
maintenant. » Aussitôt Lucien fit un léger mouvement, comme pour aller au-devant du baiser
proposé. Ce fut son dernier acte, son dernier
sentiment exprimé. Quelques minutes après,
sans qu'on s'en aperçût, pour ainsi dire, il quittait
l'exil pour se présenter à son Juge, c'est-à-dire
à Jésus qu'il avait si tendrement aimé, si généreusement servi durant sa trop courte existence.
Il avait vécu un peu plus de quinze années.

Encore en santé, Lucien avait dit à un de ses
condisciples du Petit Noviciat : « J'aimerais bien
mourir un jour consacré au sacré Cœur, ou à la
sainte Vierge, ou à saint Joseph. » Il a eu en quelque sorte ces trois faveurs à la fois; car il est mort
le premier vendredi du mois de mai, jour consacré
en même temps au sacré Cœur et à la sainte
Vierge, et a été enterré le jour du Patronage de
saint Joseph. De plus, c'est la veille du cin-
quième anniversaire de sa première communion
que son âme a quitté cette terre. Il est bien
doux de penser que le jour où devait commencer ici-bas la sixième année de sa participation
au banquet eucharistique, a été précisément le
jour de son admission au banquet céleste et
éternel.

Dès qu'on se fut assuré que Lucien avait cessé
de vivre, on se mit aussitôt en devoir de réciter
pour lui les prières qui terminent la recomman-

dation de l'âme : *Subvenite, sancti Dei*, et qui sont indiquées dans la liturgie sacrée par ces mots touchants : « L'âme étant sortie du corps, il faut ajouter : « Saints de Dieu, venez, anges du Seigneur, accourez pour recevoir cette âme ; etc. » Puis on lui ferma les yeux ; et, selon l'usage de la maison, on le revêtit de ses habits de fête. Ainsi paré, le corps fut placé sur son lit mortuaire pendant le reste de la nuit. Le samedi, dans la matinée, on le descendit à l'une des salles du parloir, transformée en chapelle ardente. C'est là qu'un modeste lit funèbre, surmonté d'un grand crucifix, et entouré de nombreux cierges entremêlés de plantes verdoyantes, devint pour lui une véritable couche triomphale.

Lucien là était beau, en effet, avec son costume de Petit Novice, étendu sur un tapis de lis, auxquels répondaient si bien la cravate blanche de première communion, et la couronne de roses blanches posée sur sa tête. Ses yeux, qui s'étaient rouverts à moitié, semblaient éclairer de leur douce lumière sa physionomie demeurée parfaitement sereine ; ses doigts devenus transparents comme la cire semblaient encore rouler les grains du chapelet bénit dont ils étaient entrelacés, et presser amoureusement le crucifix qui tant de fois avait réjoui ses regards et fortifié son cœur. Aussi on vit accourir pour le voir, non pas seulement tout le nombreux personnel de la maison, mais encore plusieurs personnes du voisinage qui avaient appris sa mort. L'attrait de ce spectacle était tel, qu'après avoir arrêté quelque temps la vue sur ce visage qui semblait sourire, on se sentait saisi et comme impuissant à détourner le regard ; et plusieurs qui étaient venus dans le but de prier pour l'âme du jeune défunt, ne surent pas résister à l'élan de leur cœur, qui les pressait de changer leurs suffrages en confiantes et dévotes invocations.

D'ailleurs tous ceux qui avaient connu Lucien redisaient son éloge, admirant surtout sa constance dans le bien, et sa fidélité au devoir poussée jusqu'à l'héroïsme. Dans toutes les bouches on trouvait quelques traits nouveaux de ses vertus ; et même les légères faiblesses que plusieurs, surpris d'une si étonnante unanimité de louanges, s'appliquèrent à rechercher dans le détail de sa vie, ne servirent qu'à donner plus de relief à son mérite. Elles attestaient, en effet, la violence qu'il avait dû faire à sa nature pour arriver à la perfection que tous célébraient à l'envi.

Cependant il fallait préparer la cérémonie dernière. L'enterrement devait avoir lieu le jour du patronage de saint Joseph, fête qui, dans l'Institut des Frères, est célébrée avec une solennité exceptionnelle. Il sembla d'abord que cette coïncidence devait jeter un voile de tristesse sur les hommages qu'on avait résolu d'offrir au patron des Écoles chrétiennes. Mais considérant l'espèce de vénération professée vis-à-vis du jeune mort, et sachant qu'on rencontrerait dans sa famille une foi suffisante pour comprendre les motifs d'une pareille exception, on décida que rien ne serait changé aux projets de décorations pour la fête du lendemain.

Ce fut le samedi, vers onze heures du soir, que M. Jouans arriva accompagné de son gendre, et de deux autres parents ou amis. Il éprouva une telle consolation, à la vue de son cher enfant, qu'il voulut passer près de lui le reste de la nuit, jusqu'au moment de la mise au cercueil.

Le dimanche matin, à huit heures, commença la cérémonie des funérailles. Sans les ornements noirs du prêtre officiant, et la psalmodie du *Miserere*, on eût facilement pris la levée du corps pour le commencement de la translation solennelle des reliques d'un saint. Le cercueil, en effet, recouvert d'un drap mortuaire de couleur blanche, jonché de lis, et de roses blanches, et porté par quatre jeunes frères qui avaient été les condisciples de Lucien, ressemblait beaucoup plus à une châsse précieuse qu'à toute autre chose. L'illusion touchante devint bien plus grande, lorsque le cortège ayant pénétré dans la chapelle, le corps se trouva entouré des oriflammes, des guirlandes et des fleurs disposées pour la solennité du Patronage de saint Joseph. Et, il faut le dire, un grand nombre des assistants se plurent à voir dans cette illusion une splendide réalité, au moins dans la mesure où il est permis au pieux chrétien d'en juger, sans aller contre les droits que s'est réservés la sainte Eglise.

Bientôt cependant, les sombres vêtements des ministres sacrés et les graves mélodies de la messe de *Requiem*, harmonisée en faux bourdon, vinrent donner satisfaction à cette partie de l'âme humaine qui souffre d'être séparée de ses amis. Ce fut comme un frisson sympathique qui parcourut l'assistance, et qui saisit principalement le cœur du bon M. Jouans, lorsque, après l'élévation, les Petits Novices firent entendre, avec l'expression qui leur est propre, le motet de Fauré : *Miseremini mei, saltem vos amici mei,* « ayez pitié de moi, vous du moins qui êtes mes amis. » Il est vrai que, au lieu de le plaindre, on était porté à envier son sort ; mais il fallait joindre à l'immolation de la Victime sainte une prière pour satisfaire à la justice de celui qui trouve des taches même dans ses anges, et chacun dut faire cette supplication avec ardeur.

La messe et l'absoute terminées, le cortège se forma de nouveau pour prendre la route du cimetière, situé au fond de la propriété du Noviciat. On eût cru alors à une marche triomphale. La réalité cependant reprit tout son empire sur les âmes, lorsque, après les dernières prières, il fallut confier à la terre la dépouille mortelle de cet enfant dont les traits ne s'effaceront jamais du cœur de ceux qui l'ont connu.

Combien de fois déjà, depuis quatre années qu'il dort son grand sommeil, ses parents et ses amis ne sont-ils pas venus visiter sa tombe, et s'agenouiller devant l'humble croix de bois qui porte ces mots : « Lucien Jouans, Petit Novice, mort le 6 mai 1881, âgé de 16 ans. » Combien de fois aussi n'ont-ils pas cru, en priant pour lui et en l'invoquant, le voir se lever radieux de son sépulcre, et, avec le sourire candide et doux de sa vie, leur tendre encore les bras en témoignage d'amour et de reconnaissance ! Ce qui n'est aujourd'hui qu'un charme de l'imagination émue, deviendra quelque jour, par la grâce de Notre-Seigneur et Sauveur Jésus-Christ, une réalité sans fin, dans le séjour de la béatitude éternelle.

En attendant, le souvenir de ses vertus nous reste, et les Petits Novices en particulier y puiseront toujours de salutaires et fortifiantes leçons.

EPILOGUE.

On avait fait d'ardentes et persévérantes prières pour obtenir la guérison de Lucien. L'enfant néanmoins mourut. Etait-ce que tant de supplications avaient été réjetées? Non. La grande pensée des Frères était, avant tout, la glorification du Vénérable de la Salle qu'ils pensaient obtenir par un miraculeux retour de Lucien à la santé. Nous avons vu qu'un des Frères qui demandait encore cette grâce durant l'agonie du pieux jeune homme, crut entendre ces paroles au fond de son cœur : « Pourquoi t'opposes-tu ainsi aux desseins de la Providence? Le Vénérable de la Salle sera plus glorifié par la mort de cet enfant que par sa guérison instantanée. »

C'est donc que Lucien était appelé à exercer après sa mort un apostolat fécond, par ses exemples, auprès de tous les Petits Novices, en même temps qu'auprès des enfants qui veulent servir Dieu et pratiquer la vertu; apostolat profitable à la gloire du Vénérable de la Salle, puisque, comme modèle des Petits Novices, notre pieux jeune homme ne peut qu'aider très efficacement à lui procurer des enfants spirituels ; et, comme modèle des élèves pieux et studieux, il devra favoriser puissamment l'œuvre de l'éducation chrétienne qui fait tant d'honneur à l'illustre Fondateur.

Ce qui, dans la vie de Lucien, mérite surtout d'être proposé à l'imitation des Petits Novices et de toute la jeunesse chrétienne, c'est la conduite qu'il a tenue relativement à sa vocation. Quelle importance il y attache ! Quelle application il met à la découvrir ! avec quel courage il l'embrasse et lui demeure fidèle jusqu'à la mort !

Malheureusement, un grand nombre de jeunes gens s'avancent dans la vie comme des aveugles, sans se demander de quel côté Dieu veut qu'ils dirigent leurs pas, à quel état de vie le Seigneur les appelle. Ignorent-ils donc que Dieu est le maître de leur destinée, et que, plein de bonté, il leur marque sur la terre une place de son choix ? Espèrent-ils, sans le secours de la grâce que le Ciel leur a préparée dans cette vocation et non dans une autre, pratiquer la vertu et se sauver ? Quoi qu'il en soit, ils agissent comme s'ils ne connaissaient pas ces principes, ou étaient indifférents à leurs conséquences. Aussi, que voit-on ? Des jeunes gens qui, s'étant fourvoyés dans la vie, perdent tout à la fois leur vertu, leur honneur, leur santé, leur fortune, et qui, par une existence très malheureuse sur cette terre, se préparent un avenir plus malheureux encore dans l'éternité !

Vous donc, jeunes gens, qui êtes sur le seuil de la vie, et qui allez vous choisir une voie, prenez garde de vous égarer ! Si vous n'avez pas encore distingué la place que Dieu vous destine, imitez Lucien. Comme lui, priez, réfléchissez, consultez ; mettez-vous dans les conditions que vous savez être les plus favorables à l'inspiration divine ; recourez aux sacrements, aux pieuses lectures, et surtout à l'intercession de votre bonne Mère du ciel, jusqu'à ce que vous ayez reconnu les desseins de la divine Providence sur vous.

Si, au contraire, vous avez déjà entendu la voix de Dieu vous dire au fond du cœur : « Marche dans telle direction, je serai avec toi et je te soutiendrai », et si celui qui est le guide de votre âme vous a dit aussi : « Allez » ; gardez-vous de chercher encore. Tout état est honorable, avantageux et doux quand c'est Dieu qui le présente. On est toujours assuré dans ce cas d'y trouver la grâce pour pratiquer la vertu et s'assurer le ciel.

Mais surtout, si, dans le plus intime de votre âme, vous avez entendu ces paroles du divin Maître : « Mon fils, donne-moi ton cœur (1). » « Sors de ton pays, de ta parenté, de la maison de ton père, et viens dans la terre que je te montrerai (2) », « terre où coulent le lait et le miel (3) » ; c'est-à-dire si Dieu vous appelait à la vie religieuse ou au sacerdoce, oh ! alors montrez-vous reconnaissant et fidèle ! Le Très-Haut

(1) Prov. XXIII, 26.
(2) Gen. XII, 1.
(3) Exod. III, 17.

vous choisit pour former sa cour d'élite sur la terre, pour être ses représentants auprès des âmes ; il vous appelle à servir l'Eglise votre mère, à vous dévouer corps et âme au salut de vos frères ; à devenir, en un mot, « les coopérateurs de Dieu (1) », dans l'œuvre de la rédemption des hommes ! Soyez donc fiers de cette mission, et mettez au service du noble Chef qui vous invite, tout ce que vous avez de puissance et d'ardeur.

Quant à vous, chers Petits Novices, que Dieu a favorisés du même attrait que Lucien pour l'Institut des Frères ; vous, que votre famille adoptive, aidée des membres éminents de l'Œuvre du Vénérable de la Salle, élève avec tant de soin, d'amour et d'espérance pour le service de l'Eglise et de la société, oh ! quel parfait modèle vous avez dans les exemples de votre pieux devancier ! Relisez donc avec le cœur bien plus qu'avec l'esprit les traits nombreux dans lesquels tant de vertus éclatent, ces traits qui ont tous été recueillis de la bouche ou sous la plume de ses compagnons. Efforcez-vous de reproduire ce modèle dans la mesure des grâces que vous avez reçues ; soyez comme lui, humbles, pieux, obéissants, charitables ; et vous répondrez dignement aux desseins de Dieu sur vous, à la tendresse de vos aînés, et aux pieuses libéralités de vos généreux bienfaiteurs !

(1) 1. Cor. III. 9.

TABLE DES MATIÈRES

CHAPITRE I.

Naissance et baptême de Lucien Jouans. — Soins pieux dont ses parents l'entourent. — Ses premières années d'école. — Lucien, petit berger commet quelques fautes. — Arrivé à l'âge de sept ans, il se corrige. — Tendre amour qu'il porte à sa mère. . . 1

CHAPITRE II.

Lucien continue de fréquenter l'école. — Son application. — M. le Curé le choisit pour lui servir la messe. — Ses succès au catéchisme. — Le cercle du presbytère. — La journée de Lucien. — Une des joies de l'enfant. 7

CHAPITRE III.

Lucien aux approches de la première communion. — L'examen. — Lucien prend la résolution de se préparer le plus parfaitement possible. — La retraite. — La messe de communion et l'action de grâces. — Lucien au milieu de sa famille. — Touchante coutume. 14

CHAPITRE IV

Les fruits de la première communion. — Lucien Jouans, apôtre. — Il est mis à la tête de l'œuvre des jeunes gens. — Son influence salutaire. — Services qu'il rend à sa famille. — Sa dévotion envers la Passion et le T. S.-Sacrement. — Son courage à vaincre le respect humain. 21

CHAPITRE V.

Aspirations de Lucien vers la solitude et l'union à
Dieu. — M. le Curé le croit appelé à l'état ecclésiastique. Raisons qui portent l'enfant à ne pas embrasser le sacerdoce. — La rencontre des Frères à Seil-
lères. — Lucien déclare à sa famille que Dieu le
destine à l'Institut du Vénérable de la Salle. —
Admirables réponses aux difficultés qu'on lui propose. —M. le Curé constate l'appel divin.   . 33

CHAPITRE VI.

Lucien triomphe de la tendresse de sa mère. —
Voyage à Lons-le-Saunier. — Le Petit Noviciat de
Saint-Claude-lès-Besançon. — Lucien y est admis. —
Les préparatifs du départ. — Déchirements des
adieux.— Courage de l'enfant. 41

CHAPITRE VII.

Arrivée de Lucien au Petit Noviciat. — Impression
qu'il produit sur tout le monde. — Son bonheur. —
On lui assigne sa classe. — Les fêtes à la chapelle.
— Aptitude pour l'oraison. — Courage à l'étude. —
Lucien en récréation et au réfectoire. — Sa lettre
du premier de l'an.   49

CHAPITRE VIII.

Lucien reçoit la visite de sa mère. — Une scène de
larmes. — Mme Jouans s'en retourne consolée. —
Une lettre de Lucien. — Mort de sa mère. — L'enfant admirable de courage et de foi, au milieu de sa
famille éplorée. — On lui propose de rester à Ruffey, — Retour de Lucien au Petit Noviciat.   . 60

CHAPITRE IX.

Lucien reçoit le sacrement de confirmation. — Ardents désirs de Lucien de porter le saint habit. — — Ses espérances ajournées. — Grand esprit de foi du pieux jeune homme. 73

CHAPITRE X.

Piété de Lucien. — Comment elle se manifestait au dehors. — Sa dévotion envers la divine Eucharistie, la Mère de Dieu, saint Joseph, le Vénérable de la Salle. — Lucien comprend que la vie chrétienne est tout entière dans la lutte contre la nature. — Avec quelle ardeur généreuse il soutient constamment le bon combat. 85

CHAPITRE XI.

Différents traits de la charité de Lucien envers le prochain. — Efforts constants qu'il apportait à la culture de cette vertu. — Combien il avait soin de rendre surnaturelles ses attentions à l'égard de ses frères. — Sa parfaite obéissance. — Témoignages de ses condisciples à ce sujet. 95

CHAPITRE XII

Mortification de Lucien. — Différentes pratiques difficiles. — Le double motif qu'avait Lucien pour se mortifier. — Son horreur pour le péché. — Sa pureté angélique. — Caractère de son application à l'étude. — Le prix qu'il attachait au temps. . 107

CHAPITRE XIII.

Commencements de la maladie de Lucien. On constate au bout d'un mois la gravité de son état. — Lettre du Petit Novice à son père. — Comment Lucien sanctifia sa maladie. — Disposition du pieux jeune homme à l'égard de la mort 114

CHAPITRE XIV.

Le médecin désespère de guérir Lucien. — Recours au Vénérable de la Salle. — La neuvaine se termine le jour de St. Joseph. — Lucien reçoit le saint Viatique et prononce le vœu de se consacrer à l'éducation des enfants dans l'Institut. — Après une amélioration de quelques jours, la maladie poursuit ses ravages. — Visites des parents de Lucien . 123

CHAPITRE XV.

Pensées de Lucien qui voit venir la mort au milieu de souffrances cruelles. — Son dernier jour sur la terre. — La prière des agonisants. — Incident remarquable. — Lucien reçoit encore une fois la bénédiction du T. S -Sacrement. — Il meurt après avoir reçu l'adieu du Frère Directeur. — Le petit Novice sur son lit funèbre. — Touchantes funérailles. . 131

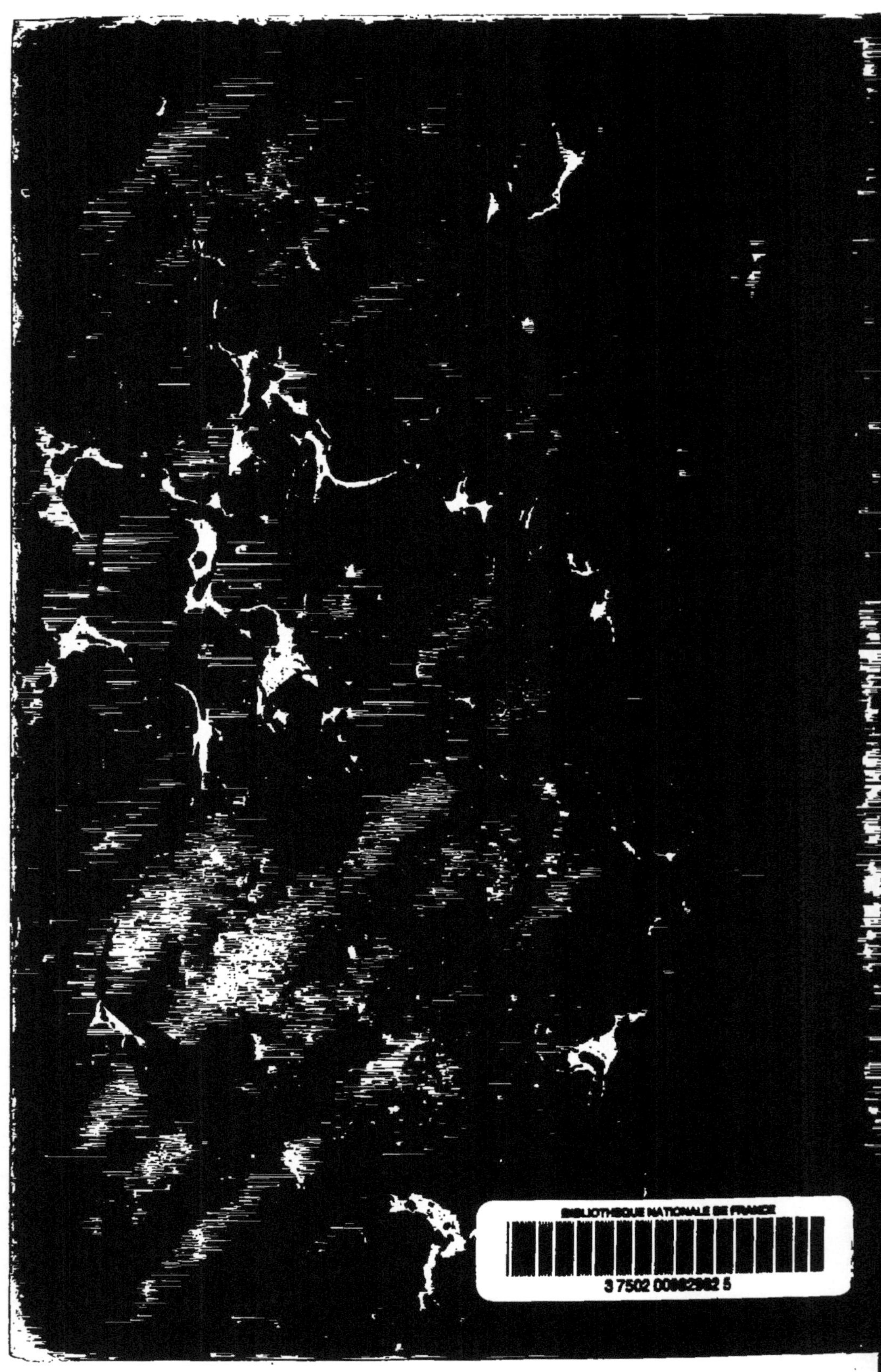